# Herderbücherei

Band 1795

## Über das Buch

Ein mißverstandener Herrschaftsauftrag des Schöpfungs-
geschehens – nach dem Buch Genesis, dem ersten der Bibel – hat die Natur an den Rand des Abgrunds gebracht.
Jetzt ist es die leidende Natur selbst, die uns Menschen
zwingt, aufzuwachen und das auch unser eigenes Leben ge-
fährdende Handeln als unbarmherzige Ausbeutung der
Schöpfung Gottes zu erkennen und zu beenden. Für diese
drängende Umbesinnung ruft Kurt Marti mit dem ihm eigenen Engagement und Klargespür die menschliche Kraft
des Glaubens, das wache Bewußtsein, wer wir sind – und
wer Natur und Kreatur. In starken Meditationen verlockt
Marti, dem Mitgefühl für die Schöpfung eine Chance zu
geben.

## Der Autor

Kurt Marti, geboren 1921, Pfarrer und engagierter Autor
zum Zeitgeschehen und für eine neue Kultur menschlichen
Bewußtseins; weithin bekannte Veröffentlichungen: Ge-
dichte, Erzählungen, Predigten.

Kurt Marti

# Schöpfungsglaube

## Die Ökologie Gottes

Herderbücherei

Titel der Originalausgabe:
Kurt Marti, Schöpfungsglaube – Die Ökologie Gottes.
© Radius-Verlag, Stuttgart 1983

Alle Rechte dieser Ausgabe vorbehalten – Printed in Germany
© Verlag Herder Freiburg im Breisgau 1993
Herder Freiburg · Basel · Wien
Herstellung: Freiburger Graphische Betriebe 1993
Umschlagmotiv: Diana M. Khan, Blue-birds
over the rainbow / Glücksvogel über dem Regenbogen.
© D. M. Khan
ISBN 3-451-08795-2

# Der christliche Glaube und die Natur

## Ein etwas ausschweifendes Vorwort

Das gab's, gibt's vereinzelt noch, aber unzeitgemäß, als melancholische Gegenwart einer Erinnerung: Ein Mann, der Pflanzen pflückt, entschuldigt sich bei diesen für sein Tun und verspricht, ihnen eines Tages als Nahrung dienen zu wollen. »Weder sie noch wir sind irgendwie wichtiger oder unwichtiger«, sagt er.

Oder: Rücksichtsvoll ziehen Menschen im Frühjahr, wenn Mutter Erde schwanger ist, die besohlten Schuhe aus und nehmen den Pferden die Hufe ab – auf einer werdenden Mutter trampelt man nicht besohlt und behuft herum!

Andernorts gingen die Männer, wenn sie Holz brauchten, höflich in den Wald und fragten diesen oder jenen Baum um Erlaubnis, ihn schlagen zu dürfen. Nur ein Baum, der damit einverstanden war, wurde gefällt.

Als »Naturreligion« hat man solche Verhaltensweisen lange Zeit abqualifiziert. Heute jedoch, alarmiert durch den schnellen Fortgang weltweiter Naturzerstörung, befaßt sich eine immer noch wachsende Literatur mit der naturreligiösen Weisheit etwa der Indianer, die nahezu ausgerottet worden sind und – in Zentralamerika zum Beispiel – weiterhin ausgerottet werden, weil weiße Geschäftstüchtigkeit behauptet, sie wüßten mit ihrem Land nichts anzufangen und verstünden seine Reichtümer nicht zu verwerten. Die Indianer hatten sich bisher eben als Geschöpfe der

Natur verstanden, nicht als deren Herren und Verwerter.

Ist der Kapitalismus vielleicht ein neuer Sündenfall, der die Natur selbst um ihr Paradies gebracht hat? Doch auch bei Marx läuft die »Versöhnung« von Mensch und Natur auf die vollkommene Unterwerfung und Bearbeitung der Natur durch den Menschen hinaus. Ob Kapitalismus, ob Marxismus ist für die Natur gehupft wie gesprungen, an den Kragen geht's ihr in beiden Systemen. Und schon definiert der Pessimist E. M. Cioran den Menschen selbst als Katastrophe: »Indem die Natur den Menschen zuließ, hat sie viel mehr als einen Rechenfehler begangen: ein Attentat auf sich selbst.«

Ist die Attentatswaffe, mit der sich die Natur durch den Menschen umzubringen droht, vielleicht die Naturwissenschaft, die eben dieser Mensch entwickelt und technisch/industriell verwertbar gemacht hat? Ein anderer Pessimist, Friedrich Nietzsche, hat rundweg behauptet: »Der Zweck der Wissenschaft ist die Weltvernichtung.«

Allein, die Wissenschaften und die Technik sind weder autonom noch an sich böse oder an sich gut. Sie werden von ökonomischen Bedürfnissen und Zielsetzungen gesteuert. Zu fragen ist deshalb: sind Wirtschaftsweisen denkbar, die natur- und menschenfreundlicher sind als der Privatkapitalismus und der marxistische Staatskapitalismus? Diese entscheidende Frage und Herausforderung versucht eine ideologische und militärische Konfrontationspolitik zur Zeit zu verdrängen – vielleicht, weil manche Herren der Welt um ihre Herrschaft fürchten? Sofort stellt sich dabei auch die Frage: wie eigentlich wirtschaften die Kirchen, die christlichen Gemeinden? Gibt es da wenigstens Ansätze, Anläufe zu einer »erbauenden«, d. h. nicht kaputt machenden, nicht zerstörenden Verbindung von Bedürfnisbefriedigung und Schöpfung? Fast scheint mir, als werde auch hier noch vieles verdrängt, als sei der Normalfall die unreflektierte Anpassung an die »Welt« und nicht die Motivation durch das Evangelium. Hängt das vielleicht damit zusammen, daß beide, Gesellschaft und Kirche, patriarchalisch strukturiert sind, erst recht in der Wirtschaft, neben der Armee eine ausgesprochene Domäne männlichen Denkens und Handelns? Gott aber kommt im Mann zu kurz.

Ist, neben der griechischen Aufklärung, nicht gerade das patriarchalische Christentum zum geistigen Wegbereiter hemmungsloser Naturausbeutung und Naturzerstörung geworden? Ihr entsprach die Unterdrückung der Frau bis hin zu ihrer Verteufelung und Verfolgung als Hexe: der Mann, auch der christliche, verdrängte, bestrafte in ihr ebenfalls eine Anfrage der Natur, nämlich der in uns Menschen selbst vorhandenen, leibseelisch wirkenden. Wie jede andere Verdrängung erzeugte auch diese Unrecht, Gewalt, Aggression. Dem Feindbild Frau entsprach ein rein männliches Gottesbild, der unterdrückten Frau ein herrisches Über-Ich – mit dem Evangelium vom Gott, der Liebe ist, hatte das wenig mehr zu tun, vielmehr ist dadurch Leiden, nämlich die Passion der Frau zusammen mit der Passion der Natur (in uns, um uns), religiös sanktioniert und institutionalisiert worden. Es stimmt: »Gott ist im Mann zu kurz gekommen.« (Inge Wenck)

Der biblische Schöpfungsglaube hat die Natur entgöttert, verweltlicht. Deshalb »steckt in dem jüdisch-christlichen Lebensgefühl ein Einschlag von ›Utilitarismus‹: der Kosmos wird nicht mehr verehrt, er darf gebraucht werden«. (Eugen Rosenstock-Huessy) Nicht Bäume, Berge oder Tiere sind Gottes Bild, sondern Mann und Frau sind es (1. Mose 1,27). Dementsprechend wird Gott nicht Baum, nicht Berg oder Tier, er wird Mensch. Mit dieser Auszeichnung des Geschöpfes Mensch ist der Auftrag zur Gestaltung der irdischen Schöpfung verbunden (Kulturauftrag, wobei die Kultur mit der Agrikultur, dem Ackerbau, beginnt). Das Geschöpf Mensch hört aber nicht auf, Geschöpf zu sein, mit allen Fasern seines Körpers und seiner Seele eingewoben in das Geschehen der Natur. Um so erstaunlicher, daß in vielen theologischen Lexika der Gegenwart das Stichwort »Natur« fehlt, nicht aber das Stichwort »Naturwissenschaft« – als hätten die Theologen angesichts des fast imperialen Siegeszuges der Naturwissenschaften das eigene Bedenken des Themas »Natur« kleinlaut aufgegeben. Dabei wäre es höchste Zeit, daß den vor Hybris oft toll gewordenen Auftraggebern der Naturwissenschaften und der Technik eine andere Rede von Natur entgegentritt, die im Gehorsam gegen den Schöpfer Grenzen setzt. Im neutestamentlichen Griechisch bedeutet das Wort »Grenze« (telos) zugleich »Sinn«. Das deutet darauf hin, daß Grenzenlosigkeit (z. B. die Wahnidee vom grenzenlosen Wachstum) immer auch Sinnlosigkeit, Chaos ist.

Jetzt ist es die Natur selbst, die uns unter Androhung unseres Untergangs ultimativ auffordert, unsere herrischen und zerstörerischen Wirtschaftsweisen, Lebensweisen, so zu verändern, daß die Befriedigung unserer Lebensbedürfnisse nicht länger in der Form eines unbarmherzigen Vernichtungskrieges gegen die Natur betrieben wird.

*

Die vorstehend angedeuteten Gedanken und Zusammenhänge stecken sozusagen das weite Umfeld der Fragen und Zusammenhänge ab, die es mitzubedenken gilt, wenn über die Schöpfung gepredigt wird. Das Atom-Denkwort der Kirchlichen Arbeitsgruppe für Atomfragen (KAGAF) in

Bern, an dem ich 1981 habe mitformulieren dürfen, sagt u. a.: »Es ist Zeit zu erkennen, daß es in der Natur immer auch um Gottes Sache geht. Es ist Zeit, die Natur heimzuholen in unsere Theologien, in unsere Gebete und Gottesdienste. Die Natur ist weit mehr als bloß erforschbares und nutzbares Objekt. Sie gehört zu uns, wir sind ein Teil von ihr. Ihr Gedeihen und ihr Leiden sind auch die unsrigen. Darum gilt es, Gesellschaftsstrukturen und Lebensformen zu entwickeln, die sich nicht an kurzfristigen Vorteilen, sondern an unserer Versöhnung mit der Natur und am ökologischen Gleichgewicht orientieren.«

Das vorliegende Buch enthält Predigten, die ich zum Abschluß meiner Tätigkeit als Pfarrer in der Nydegg-Gemeinde Bern gehalten habe. Es war mir wichtig, meinen Predigtdienst gerade mit dem Thema »Schöpfung« abzuschließen. Die Drohung mit der Annihilation, Vernichtung der irdischen Schöpfung – DIE Sünde aller Sünden! – muß unser Denken alarmieren und unseren Glauben mobilisieren.

Uns allen droht Mutlosigkeit. Um so mehr gilt mein Dank der Gemeinde, deren engagiertes Hören und Reagieren für mich zur leibhaftigen Predigt geworden ist. Prediger brauchen Menschen, brauchen Gemeinden, die ihnen mit ihrer Hoffnung die eigene Hoffnung immer wieder zurückgeben. Das ist das Geheimnis des Gottesdienstes, d. h. der Gottes- und Geistesgegenwart in der Gegenwart der Gemeinde.

*Kurt Marti*

# Die Erschaffung der Zeit

*Erster Schöpfungstag*

Im Anfang schuf Gott den Himmel und die
Erde.
Die Erde war aber wüst und öde und Finsternis lag
auf der Urflut,
und Gotteswind (Westermann sogar:
Gottessturm) bewegte die Wasser
Und Gott sprach: es werde Licht!
Und es ward Licht.
Und Gott sah, daß das Licht gut war.
Und Gott schied das Licht von der Finsternis.
Und Gott nannte das Licht Tag, und die Finsternis
nannte er Nacht.
Und es ward Abend und ward Morgen: ein erster
Tag.
*1. Mose 1,1–5*

Während die biblischen Texte und Geschichten im
Alten Testament sonst vom Volk Israel, im Neuen
Testament von Jesus und dem neuen Gottesvolk handeln,
geht es hier, zu Beginn der Bibel, um den Bestand der
Schöpfung und der Menschheit. Im Vordergrund steht
dabei nicht die Frage, *wie* die Welt entstanden sei. Diese
Frage wird nicht verboten, ihr darf nachgegangen werden,
Forschung und Wissenschaft haben das auch getan, sind
schließlich zur Vorstellung einer sehr langen Evolution ge-

kommen, an deren Ursprung der sogenannte Urknall stehen soll.

Nur eben: die alten Schöpfungsmythen sind weniger aus der Frage nach dem *Wie* von Ursprung und Entwicklung hervorgewachsen. Sie sind entstanden aus der Sorge um die Sicherung des Seienden. Deswegen hatten diese Schöpfungserzählungen eine bestimmte Stellung im Leben der Gemeinschaft. Man erzählte sie einander oft in Krisenmomenten des individuellen oder des gemeinschaftlichen Lebens, in Altbabylonien z. B. im Ritual der Geburtshilfe. Nicht an längst vergangene Dinge soll erinnert werden, in den Schöpfungserzählungen geht es um Gegenwart und Zukunft – eben: um die Sicherung des Daseins im Einzelnen und im Ganzen.

»Im Anfang schuf Gott den Himmel und die Erde.«

»Im Anfang«: wo Anfang ist, kann auch ein Ende kommen. Der Entschluß zur Erschaffung kann zurückgenommen werden. Die Welt ist nicht selbstverständlich, ihre Existenz bleibt gefährdet. Gerade dadurch bleibt sie auf ihren Schöpfer angewiesen.

Man lese nur einmal die ersten 11 Kapitel der Bibel durch! Dabei wird man feststellen können, daß es sich von der Schöpfung bis zum Turmbau von Babel um einen einzigen Zusammenhang handelt. Im Mittelpunkt dieser zusammenhängenden Textfolge steht (1. Mose 6–9) die Geschichte von der Sintflut. Unser Schöpfungstext ist von dieser Sintfluterzählung her zu verstehen. Dem »Im Anfang schuf Gott den Himmel und die Erde« wird die Möglichkeit gegenübergestellt, daß der Schöpfer die Schöpfung auch wieder rückgängig machen könnte. Diese Möglichkeit, durch die Sintflut signalisiert, ist auch schon hier, im Schöpfungszeugnis, enthalten, wenn die Welt vor dem Schöpfungshandeln Gottes so beschrieben wird:

»Die Erde war aber wüst und öde und Finsternis lag auf der Urflut, und Gotteswind (oder: Gottessturm) bewegte die Wasser.«

Nichts als Wasser, nichts als Finsternis! Kein »Nichts« aber, auch keine »Schöpfung aus dem Nichts«. Der Begriff »Nichts« war unbekannt. Er ist, zusammen mit der Zahl Null, erst im Mittelalter aus Indien westwärts gekommen, durch die Vermittlung der Araber. Für die alten Hebräer hat dieser Begriff noch nicht existiert. Aber auch wir können uns unter »Nichts« immer nur »Etwas« vorstellen. So auch unser Text: Wasser, Finsternis, Wind und Sturm, absolut gräßlich, absolut lebensfeindlich, das Chaos! Damit wird signalisiert: wenn es Gott mit uns verleidet, kann die Welt auch wieder in dieses finstere Wasserchaos versinken.

Fast zufällig deckt diese alte Vorstellung sich mit der heutigen Annahme, daß auf der Erde alles Leben aus dem Wasser, d. h. aus dem Meer entstanden ist und eines Tages auch wieder dahin zurückkehren könnte.

So oder so: wer »Schöpfung« sagt, sagt damit auch mögliches »Nicht-Sein«. Beides gehört zusammen und vergegenwärtigt, daß nichts selbstverständlich, nichts gesichert ist. Darum eben werden die Schöpfungsmythen erzählt, aus Sorge um den Bestand dessen, was ist, in anbetender Zuwendung zum Schöpfer. Im Grunde sind die Schöpfungserzählungen Gebete für den Fortbestand des Lebens, der Welt. Heute ist das erst recht nötig geworden. Man kann sagen: leider. Man kann auch sagen: zum Glück. Das Bewußtsein unserer Ungesichertheit, unserer Bedrohtheit kann neue Einsichten, neue Möglichkeiten freisetzen.

> »Und Gott sprach: es werde Licht!
> Und es ward Licht.
> Und Gott sah, daß das Licht gut war.

Und Gott schied das Licht von der Finsternis.
Und Gott nannte das Licht Tag, und die Finsternis
nannte er Nacht.
Und es ward Abend und ward Morgen: ein erster
Tag.«

Aufmerksame Bibelleser haben einen Widerspruch festgestellt. Die Scheidung von Licht und Finsternis erfolgt VOR der Erschaffung von Sonne, Mond und Gestirnen. Aber das hängt damit zusammen, daß alle Schöpfungserzählungen anschaulich erzählen, ohne Verwendung abstrakter Begriffe. Was hier als erste Schöpfungstat Gottes beschrieben wird – die Scheidung von Urfinsternis und Licht, die Schaffung des Rhythmus von Tag und Nacht – würden wir heute wohl mit dem viel weniger anschaulichen, viel abstrakteren Satz ausdrücken: »Gott hat als erstes die Zeit geschaffen.« Als zweites folgt danach die Erschaffung des Raums, des räumlichen Lebens.

Auffälligerweise steht das wiederum in Übereinstimmung mit Einsichten der neuesten Physik, die annimmt, daß die Schaffung der Zeit der Erschaffung alles anderen vorausging. Es sei anzunehmen, formuliert ein bekannter Physiker (C. F. von Weizsäcker, 1962), »daß der Begriff der Zeit ... der grundlegendste ist.« Genau das will unser Text in seiner anschaulichen Erzählweise ausdrücken: alles ist Zeit, auch wir Menschen. Zeit ist die Grundgegebenheit der Schöpfung. Darum unterwirft unser Erzähler von jetzt an auch das Schöpfungshandeln Gottes dem zeitlichen Ablauf eines Sechstagewerkes. Die neuere Erkenntnis, daß die Entstehung der Welt ein zeitlicher Entwicklungsprozeß gewesen ist, nicht bloß über Tage, sondern über Jahrmillionen hinweg, ist in diesem uralten Erzählkonzept ansatzweise bereits enthalten. Es ist strukturiert durch die Schaffung der Zeit am ersten Tag und durch das Ruhen

Gottes am siebenten Tag. Damit ist die Zeit als Rahmen gesetzt, in dem alles abläuft, in dem sich alles entfaltet und entwickelt. Zeit ist alles, Zeit ist das Grundlegende auch für uns Menschen.

Darum stellt das alttestamentliche Predigerbuch fest: »Alles hat seine bestimmte Stunde, jedes Ding unter dem Himmel hat seine Zeit. Geboren werden hat seine Zeit, und Sterben hat seine Zeit.« (Prediger 3, 1 / 2)

Wer insgeheim glaubt – ein bißchen glauben wir's ja alle! – daß er ewig werde leben können, erliegt der Illusion, er könne sich dem Grundgesetz der Schöpfung, er könne sich dem Willen des Schöpfers entziehen.

Wer sich dagegen grämt oder sogar ängstet, weil er der Zeit unterworfen ist, weil der Zahn der Zeit auch an ihm nagt, für den kann die Einsicht tröstlich werden, daß Zeit die erste Schöpfungstat Gottes, also Gottes tiefster Wille und deshalb auch gut ist. Die Zeit verwundet, aber sie heilt Wunden auch wieder. Die Zeit bedrängt, belastet, doch sie befreit und löst ebenfalls. In der Zeit verbirgt sich die Weisheit, die Gnade des Schöpfers. Wer das glauben lernt, der wird das Zeitliche segnen – nicht erst, aber so Gott will, einst auch im Sterben! Und gerne wird er der Zeit jenen schönen Namen geben, den die Dichterin Elisabeth Langgässer für sie gefunden hat:

»... so viel berauschende Vergänglichkeit.«

*(20. Juni 1982)*

# Die Erschaffung des Raums

*Zweiter Schöpfungstag*

Die Schöpfungserzählung ist ausgerichtet auf die Erde, auf das Leben unserer Erde. Man könnte sagen: ja nun, vor zweieinhalbtausend Jahren haben sie eben noch wenig vom Weltraum gewußt und die Erde für den Mittelpunkt des Kosmos gehalten. Das stimmt. Dennoch aber hat die Erdperspektive der Schöpfungserzählung einen tieferen Sinn, besagt sie doch, daß es Leben, Pflanzen, Tiere und Menschen nur auf diesem kleinen Erdplaneten gibt. Tatsache ist, daß bis heute kein Zeichen von Leben, keine Spur von Leben im Weltraum entdeckt werden konnte. Die Vorstellung, daß wir vielleicht allein sind in einem leblosen schweigenden All, kann beängstigend sein. Das erklärt wohl auch den Erfolg der Bücher Erich von Dänikens sowie kosmischer Science-Fiction-Geschichten. Sie bieten den Trost an, daß wir im Weltraum Nachbarn haben. Und das beruhigt manche, die geängstigt sind von unserer einsamen Existenz im unermeßlichen Kosmos. Nur eben: es gibt bisher nicht den geringsten Nachweis dafür, daß wir NICHT allein sind, daß wir NICHT die lebendige Ausnahme in ringsum unbelebten Zeiten, unbelebten Räumen sind. Darum könnte es seinen guten Sinn haben, daß die Schöpfungserzählung auf unsere Erde, diesen privilegierten Träger des Lebens, konzentriert bleibt.

Zugleich entspringt die Schöpfungserzählung, wie gesagt,

25

der Sorge um den Bestand und Fortbestand dieser Oase des Lebens im Weltall.

Staunen und Sorge bestimmen auch, was vom zweiten Schöpfungstag erzählt wird. Nachdem Gott am ersten Tag die *Zeit* geschaffen hat, schafft er am zweiten Tag den *Raum*. Zeit und Raum – die beiden Grundgegebenheiten der Welt also, die Voraussetzungen allen Lebens!

Und so wird die Erschaffung des Raumes erzählt, im 1. Kapitel des 1. Buches Moses in den Versen 6–8:

>»Und Gott sprach: Es werde eine Feste inmitten
>der Wasser, und sie scheide die Wasser
>voneinander!
>Und es geschah also.
>Gott machte die Feste und schied die Wasser *unter*
>der Feste von den Wassern *über* der Feste.
>Und Gott nannte die Feste Himmel.
>Und es ward Abend und ward Morgen: ein
>zweiter Tag.«

Gott setzt also Raum frei, indem er die lebensfeindliche Urflut durch eine Feste zurückdämmt. Damit ist nicht, noch nicht an die Scheidung zwischen Kontinenten und Meeren gedacht. »Und Gott nannte die Feste Himmel«, heißt es ja. Anstatt »Feste« können wir das geläufigere Wort »Firmament« einsetzen. Dieses Firmament, so glaubte man, wölbe sich wie eine Glocke über der Erde, die man sich mehr oder weniger flach vorstellte. Da am zweiten Schöpfungstag das Festland aber noch nicht geschaffen war, wölbt sich das Firmament über einem totalen Meer. Aber auch oberhalb dieser »Feste«, des Firmaments, ist Wasser, nichts als Wasser – nur eben nach oben zurückgedrängt, damit darunter Raum, Lebensraum entstehen kann.

Alte, uralte Vorstellungen, Mythos, nicht Wissenschaft,

Erzählung, nicht Forschung. Aber es geht diesen biblischen Texten um eine Frage, die keine Wissenschaft beantworten kann, nämlich um die Frage nach dem Sinn unserer Erde, nach dem Sinn des irdischen Daseins.

Was trägt die Erzählung vom zweiten Schöpfungstag zu dieser Sinnfrage bei?

Sie zeigt, daß die Erde und ihr Leben nicht selbstverständlich sind. Der Gott, der die Erde dem Chaos, der Urflut abgewonnen hat, kann dieses Chaos auch wieder hereinbrechen lassen. Unsere Erzählung steht ja in Zusammenhang mit der Sintflutgeschichte. Dort heißt es zu Beginn: »Als aber der Herr sah, daß der Menschen Bosheit groß war auf Erden, und daß alles Dichten und Trachten ihres Herzens die ganze Zeit nur böse war, da reute es den Herrn, daß er den Menschen geschaffen hatte auf Erden, und es bekümmerte ihn tief.« (1. Mose 6,5–6) Und dann, so heißt es, habe Gott »alle Brunnen der Urflut« aufbrechen lassen, »und die Fenster des Himmels öffneten sich. Und der Regen strömte auf die Erde, vierzig Tage und vierzig Nächte lang.« (1. Mose 7,11–12) Das besagt: Gott hat die Feste des Himmels teilweise wieder geöffnet, so daß die chaotische Urflut, die sonst vom Firmament, vom Himmelsgewölbe, zurückgehalten wird, wiederum einströmen konnte. Noch heute sagen wir ja, entsprechend dieser Vorstellung: Der Himmel öffnet seine Schleusen.

All diese alten Vorstellungen und Bilder mahnen: die Erde kann durchaus wieder zum tödlichen, leblosen Chaos werden, nicht aus Zufall, doch als Folge menschlicher Schuld und Torheit. Das Schicksal der Erde hängt vom Verhalten von uns Menschen ab.

Ich kann noch konkreter werden. Das Bild einer Erde, die rings von tödlicher Urflut umgeben und bedroht ist, läßt sich wie ein Modell auf neu erkannte Zusammenhänge anwenden. Man braucht anstatt Urflut und Wasser bloß radioaktive Strahlung zu sagen. Diese Strahlung ist rundum im benachbarten Kosmos so stark und so tödlich, daß dadurch jede Entstehung von Leben verhindert wird. Auf unserem Erdball ist Leben einzig deshalb möglich geworden, weil wir sozusagen eingepackt sind in die Schutzhülle der Atmosphäre, welche die tödliche Strahlung aus dem Kosmos zwar nicht ganz, aber doch so weit von der Erde abhält, daß hier Leben hat entstehen können. Was an Strahlung noch bis zu uns durchkommt, ist eine wohl abgewogene, lebensfreundliche Dosis – ganz im Gegensatz zu allen Nachbargestirnen, mit deren toten Wüsteneien verglichen z. B. die Sahara geradezu ein blühender Garten ist.

Halten wir uns diese Tatsachen vor Augen, dann merken wir plötzlich, wie aktuell die bildhafte Erzählung vom zweiten Schöpfungstag noch immer und erst recht wieder ist. Der Schöpfer schafft Raum, das wird hier ausgesagt. Aber es ist kein Todes-Raum, es soll ein Lebensraum sein, Raum für das Leben – in all seinen vielfältigen Formen. Darum wird dieser Erd-Raum sorgfältig abgeschirmt gegen die kosmische Sterilität, gegen den kosmischen Tod.

Genau diese sorgfältige Abschirmung unterlaufen wir nun aber durch die künstliche und industrielle Produktion von Radioaktivität. Wir vermehren die radioaktive Strahlung, die aus dem Weltall nur ganz abgeschwächt bis zu uns gelangt, durch eine massenhafte Erzeugung radioaktiven Materials für friedliche und kriegerische Zwecke, wobei das eine mit dem anderen aber zusammenhängt.

Das alles bedeutet: eine neue Sintflut würde vielleicht keine Flut, es könnte eine Sintstrahlung werden. Sie käme nicht von oben und von Gott her, sondern von unten, durch uns Menschen. Aber auch sie wäre eine Strafe, nämlich dafür, daß wir die Schöpfungsordnung destabilisiert und zerstört haben.

Schon lange hat der Weltkirchenrat uns Christen aufgefordert, über diese Zusammenhänge nachzudenken und einen neuen Lebensstil zu entwickeln, der schöpfungsschonender, lebensfreundlicher ist. Abkehr von der Energieverschwendung also auch, damit Atomkraftwerke überflüssig werden!

Die Erzählung vom zweiten Schöpfungstag zeigt anschaulich, was Atomkraftwerke und erst recht die atomare Rüstung aufs Spiel setzen: nichts weniger als die ganze Vergangenheit, als die ganze Zukunft des Lebens auf der Erde.

Das muß alle herausfordern, denen die Wunderbarkeit des Lebens auf unserem privilegierten Planeten aufgegangen ist. Das muß in erster Linie die Christen herausfordern, deren Kirchen seit den apostolischen Zeiten bekennen: »Ich glaube an Gott, den Schöpfer des Himmels und der Erde.«

*(8. August 1982)*

# Grün – die erste Farbe!

*Dritter Schöpfungstag*

Am zweiten Schöpfungstag schuf Gott Raum für das Leben.

Am dritten Schöpfungstag werden die unteren Fluten noch weiter zurückgedrängt, so daß festes Land auftaucht, auf dem es nach Gottes Anweisungen zu grünen beginnt.

In 1. Mose, 9–13 wird das so erzählt:

> »Und Gott sprach: Das Wasser unter dem
> Himmel sammle sich an *einen* Ort, damit das
> Trockene sichtbar werde!
> Und es geschah also.
> Da nannte Gott das Trockene Erde, die
> Ansammlung des Wassers aber nannte er Meer.
> Und Gott sah, daß es gut war.
> Und Gott sprach: Die Erde lasse junges Grün
> grünen: Pflanzen, die Samen tragen, und Bäume,
> die nach ihrer Art Frucht bringen auf der Erde, in
> denen ihr Same ist!
> Und es geschah also.
> Und Gott sah, daß es gut war.
> Und es ward Abend und ward Morgen: ein dritter
> Tag.«

Gott ist kein Macher, er ist der Schöpfer, nicht »deus faber«, sondern »deus creator«.

Von einem »Macher« stellt man sich allenfalls vor, daß er Dinge aus dem Nichts hervorstampft. Die biblischen

Schöpfungserzählungen kennen keine Schöpfung aus dem Nichts. Hier geht der Schöpfer sozusagen als kreativer Künstler an das gegebene Material des Chaos heran, um es zu gestalten.

Auffällig, wie oft in unserer Erzählung dieses Gestalten auch als »Trennen«, »Teilen« oder »Scheiden« beschrieben wird! Gott teilt zuerst die Urflut durch das Firmament, wie wir das letzte Mal hörten. Und hier nun scheidet er Wasser und Land, Meer und Kontinente voneinander. So ähnlich geht ein Künstler mit seinem Material vor: er teilt ein, gruppiert, trennt da, verbindet dort, so daß Strukturen entstehen. Allmählich wächst dadurch heran, was der Schöpfer im Sinn hat: das Kunstwerk Erde, das Kunstwerk Leben.

Wer einmal an einem felsigen oder sandigen Meeresstrand steht, kann leicht erkennen, welch unüberbietbares Kunstwerk allein schon die Scheidung von Wasser und festem Land ist mit ihren unendlich formenreichen, hochdifferenzierten Trennungs- und Verbindungslinien.

> »Und Gott sah, daß es gut war.
>
> Und Gott sprach: Die Erde lasse junges Grün grünen: Pflanzen, die Samen tragen, und Bäume, die nach ihrer Art Frucht bringen auf der Erde, in denen ihr Same ist!«

Grün: die erste Farbe in dieser Schöpfungserzählung, Gottes Lieblingsfarbe offenbar! Fast möchte man sagen, Gott sei der erste »Grüne« gewesen. Grün – die Farbe des Lebens und des lebendigen Atems. Nicht Beton, nicht Asphalt produzieren den Sauerstoff, den wir zum Atmen brauchen. Das tun einzig die Pflanzen, die Bäume, das Grün. Jeder gefällte Baum, jedes Vorgärtchen, das in einen asphaltierten Parkplatz verwandelt wird, bedeutet deshalb ein Sägen an dem Ast, auf dem wir alle sitzen und atmen.

Ich finde es gut, wenn der Naturschutz sich z. B. jetzt einsetzt für die Wiederanpflanzung von Wildhecken, für das Recht auch des sogenannten Unkrauts, das an Weg- und Ackerrändern wieder soll wachsen dürfen. Allein von der Brennessel hängt die Existenz von 25 Schmetterlingsarten ab. Wenn es die Brennessel nicht mehr gibt, gibt es auch diese 25 Schmetterlingsarten nicht mehr. So ist es mit vielem.

Ungereimt an unserer Schöpfungserzählung ist die Reihenfolge: die Erschaffung der Sonne kommt erst nach derjenigen der Pflanzen und Bäume. Wir wissen heute längst, daß zuerst die Sonne da war. Vielleicht aber hat sich unsere Erzählung seinerzeit gegen benachbarte Sonnen- und Gestirnsreligionen abgrenzen und bekennen wollen: nein, nicht etwa die Sonne ist die Schöpferin, nicht sie hat die Erde und das Leben geschaffen – das ist allein Gottes Werk!

Zugleich mag sich der Erzähler ganz nüchtern und haushälterisch auch gedacht haben: da es ohne Nahrung kein Leben gibt, mußte Gott zuerst einmal Nahrung bereitstellen für die künftigen Lebewesen. Gott deckt sozusagen den Tisch, bevor er seine Gäste, die Geschöpfe, kommen läßt. Nach den Vorstellungen der Schöpfungserzählung ist dieser Tisch auch für die Menschen zunächst vegetarisch gedeckt. Erst nach der Sintflut wird Fleischnahrung zugelassen, wird das Jagen und Töten von Tieren freigegeben (1. Mose 9,2–4), mit Worten allerdings, die verraten, daß es sich hierbei um eine Art Kriegsausbruch handelt. So nämlich habe Gott zu Noah und seiner Familie gesprochen, nachdem die Sintflut überstanden war: »Furcht und Schrecken vor euch komme über alle Tiere der Erde, über alle Vögel des Himmels, über alles, was auf Erden kriecht, und über alle Fische des Meeres: in eure Hand sind sie gegeben.« (1. Mose 9,2) Das klingt wie gesagt, nach Kriegsausbruch, nach Terror und Verfolgung. Begreiflich, wenn Vegetarier wieder zur ursprünglichen Pflanzen- und Früchtenahrung zurückkehren und den Terror gegen die Tiere nicht mitmachen wollen. Weil auch ich ganz gerne Wurst oder Schnitzel esse, bin ich nie Vegetarier geworden, habe mich über diese eher lustig gemacht. Aber wenn ich jetzt von modernen Tiermastmethoden, von der Käfighaltung und anderen quälerischen Formen profitabler Tierzucht höre, dann werde ich doch nachdenklich. Vielleicht sollten wir mindestens unseren Fleischkonsum wieder zurückschrauben, denn unser Fleischappetit ist es ja, der die barbarischen Tierhaltungen hervorgerufen und den Krieg gegen die Tiere zum industriellen Massenterror gesteigert hat.

Elias Canetti, der Nobelpreisträger, hat einmal gesagt: Vielleicht sind es die Tiere, die im jüngsten Gericht das Urteil über uns sprechen werden!

Zurück zum Schöpfer, zum Schöpfungswort: »Die Erde lasse junges Grün grünen!«

An dieser Formulierung fällt auf, daß die Erde zur Selbsttätigkeit aufgerufen wird. Nicht eigentlich Gott erschafft die Vegetation, die Erde tut es auf Gottes Geheiß. Das zeigt erst recht, daß Gott nicht als Macher, als Alles-Macher, vorgestellt wird. Er delegiert seine Schöpfungsmacht, läßt die Erde selber kreativ werden.

Nicht erst wir Menschen sind also dazu ausersehen, Gottes Mitarbeiter zu sein. Bereits auch die Erde ist Gottes Mitarbeiterin, darf sich selbsttätig und schöpferisch entfalten.

Neuerdings ist in der ökologischen und in der feministischen Bewegung das Bild von der »Mutter Erde« wiederum aufgekommen. Ängstliche Christen sehen darin einen Rückfall in heidnische Fruchtbarkeitsreligionen. Dagegen hätten doch gerade die alttestamentlichen Propheten immer wieder gekämpft, dagegen richteten sich auch die

Schöpfungserzählungen mit ihrem Bekenntnis zu Gott als dem alleinigen Schöpfer.

Das stimmt. Andererseits stimmt aber auch, daß der Erde von Gott eine mitschaffende Rolle zugewiesen wird. Und wenn heute das Bild von der »Mutter Erde« wieder gebraucht wird, dann in der Absicht, uns zu einem pietätvolleren Umgang mit der Erde und ihrer Vegetation zu bewegen. Eine Mutter trampelt man nicht kaputt, betoniert und mauert man nicht ein, vergiftet und ruiniert man nicht. Wenn die Vorstellung von der Erde als unserer Mutter uns im Umgang mit ihr nachdenklicher, behutsamer, pietätvoller macht, dann ist gegen dieses Bild heute nichts einzuwenden, dann machen wir aus der Erde auch keine Konkurrenzgottheit, im Gegenteil, wir nehmen sie ernst als kreative Mitarbeiterin des Schöpfers.

»Die Erde lasse junges Grün grünen!« Daß die Erde ein weithin so grüner Planet ist, zeichnet sie aus unter allen anderen, leblosen Gestirnen und ist ein Zeichen ihrer einzigartigen Erwählung durch Gott, den Schöpfer.

*(5. September 1982)*

# Die Gestirne über uns

*Vierter Schöpfungstag*

Und Gott sprach: Es sollen Lichter entstehen an der Feste des Himmels, um Tag und Nacht voneinander zu scheiden, und sie sollen als Zeichen dienen zur Bestimmung von Zeiten, Tagen und Jahren! Und sie sollen Lichter sein an der Feste des Himmels, damit es hell sei auf der Erde!
Und es geschah also.
Und Gott machte die beiden großen Lichter: das größere Licht, damit es den Tag beherrsche, und das kleinere Licht, damit es die Nacht beherrsche, dazu auch die Sterne.
Und Gott setzte sie an die Feste des Himmels, um über der Erde zu leuchten, um über Tag und Nacht zu herrschen und Licht und Finsternis voneinander zu scheiden.
Und Gott sah, daß es gut war.
Und es ward Abend und ward Morgen: ein vierter Tag.
*1. Mose 1,14 – 19*

Die Erschaffung der Zeit ist das erste Schöpfungswerk gewesen.
Am vierten Schöpfungstag wird nun gleichsam eine Ordnung in die Zeit gebracht durch die Erschaffung der Sonne,

des Mondes und der übrigen Gestirne. Sie sollen, heißt es, der »Bestimmung von Zeiten, Tagen und Jahren« dienen. Dabei ist an die Tiere, an die Menschen vorausgedacht, für deren Dasein der Rhythmus von Tag und Nacht, die Bestimmung von Sonnenstand und Mondphasen lebenswichtig sein wird. Der Mensch ist ja nicht mit einer Uhr am Handgelenk erschaffen worden! Während Jahrtausenden hat er die Zeit allein durch die Veränderungen von Sonne und Mond erlebt und dementsprechend eingeteilt. So sind auch die Festzeiten angesetzt worden. Selbst heute noch fällt das Osterfest nicht auf ein festes Kalenderdatum, sondern richtet sich nach dem Frühlingsvollmond.

Inzwischen sind wir freilich Sklaven der Uhr geworden. In unserem Alltag blicken wir häufiger auf die Uhr herab als zum Himmel empor. Die Uhr hat eine Feineinteilung der Zeit bis auf Sekunden und Sekundenbruchteile ermöglicht, die von Sonne und Mond nicht abzulesen wäre. Erst dadurch ist die Zeit genau meßbar, deshalb aber auch zu einer käuflichen und verkäuflichen Ware geworden: »Zeit ist Geld.«

Um so mehr täte es uns gut, wiederum häufiger zu den Lichtern des Himmels emporzublicken! Sie nämlich erzählen noch immer von einer Zeit, die nicht zu Geld gemacht werden kann, die nicht hektisch ist, sondern deren Rhythmus ruhig und langsam bleibt, ein Spiegel der Ruhe und Langsamkeit Gottes. Der Aufblick zu dieser anderen Zeit könnte uns oft wieder geduldiger, wieder gelassener machen.

> »Und Gott machte die beiden großen Lichter: das größere Licht, damit es den Tag beherrsche, und das kleinere Licht, damit es die Nacht beherrsche, dazu auch die Sterne.
> Und Gott setzte sie an die Feste des Himmels, um

über der Erde zu leuchten, um über Tag und
Nacht zu herrschen und Licht und Finsternis
voneinander zu scheiden.«

Diese Erzählung mutet an wie das Bild eines naiven Ma-
lers: Gott verfertigt Lampen und befestigt sie am Firmament, am Himmelsgewölbe, damit sie über der Erde
leuchten. Die Erde wird sozusagen als Wohnung für ihre
künftigen Bewohner eingerichtet und da darf die Beleuch-
tung nicht fehlen.

Ein naives Erzählbild, wie gesagt. Dennoch ist der Erzähler sehr bewußt vorgegangen und setzt seine Wörter keineswegs aufs Geratewohl.

Zuerst wird wiederum klargemacht, daß Gottes Schöp-
fungshandeln auf die Erde ausgerichtet ist, weil einzig die
Erde Leben tragen soll und tragen darf. Die Sonne, der
Mond, die sichtbaren Gestirne werden funktionell auf das
Leben der Erde bezogen – eben als Lampen der Erdwoh-
nung.

Zugleich wehrt der Erzähler hier eine Vorstellung ab, die
in den altorientalischen Nachbarreligionen Israels verbrei-
tet war, nämlich die Vorstellung, Sonne, Mond und Sterne
seien Götter oder Halbgötter, die Weltlauf und Menschen
regieren. Demgegenüber macht unsere Erzählung klar:
nein, diese Himmelskörper sind weder Götter noch Halbgötter. Es gibt nur einen Gott, der auch der Schöpfer dieser
Himmelskörper ist.

Einige Ausleger folgern daraus, daß unsere Schöpfungserzählung sich gegen jede Astrologie wende. Die Astrologie,
sagen sie, sei ja eben ein Kind der vorderasiatischen Gestirnsreligionen, von der sich unsere Erzählung deutlich
abgrenzt.

Das ist richtig. Und doch behandelt der Erzähler die Gestirne nicht einfach wie große Steinklumpen am Himmel.

Durch ihr Licht, sagt er, »herrschen« sie. Die Sonne »beherrscht« den Tag, Mond und Gestirne »beherrschen« die Nacht und sie alle zusammen leuchten, »um über Tag und Nacht zu herrschen und Licht und Finsternis voneinander zu scheiden.«

Ich sagte schon: der Erzähler setzt seine Wörter nicht aufs Geratewohl. Er macht klar, daß die Gestirne ihren Auftrag von Gott haben. Zu diesem Auftrag gehört es aber, daß sie »herrschen« sollen. Insofern sind sie dann doch eben mehr als nur bloße Leuchtkörper.

Was beherrschen die Gestirne? Den Wechsel von Tag und Nacht, die Zeit also, die Zeit als Rhythmus der Welt, die Zeit als Rhythmus allen Lebens, auch des menschlichen! Insofern hängt alle Zeitlichkeit mit den Gestirnen zusammen und kann eine seriös arbeitende Astrologie vielleicht schon einigen Aufschluß geben – nicht über unsere Zukunft allerdings, aber möglicherweise über gewisse Komponenten unseres Charakters. Es mag tatsächlich nicht ganz gleichgültig sein, *wann* wir durch die Geburt in den Rhythmus der Zeit eingetreten sind.

Eine heute seriös arbeitende Astrologie kehrt keineswegs zum Glauben zurück, daß die Gestirne Götter oder Halbgötter seien. Sie kreist vielmehr um das Geheimnis unserer Zeitlichkeit. Sie behauptet, daß auch hier alles mit allem zusammenhängt, die Zeit also mit der Bewegung der Gestirne und beides zusammen mit unserem Dasein. Nichts freilich ist hier definitiv bestimmt und determiniert, erst recht nicht im Leben von uns Menschen, die wir zur Freiheit berufen sind. Dennoch wird alles durch alles beeinflußt. Das hat man schon immer gespürt. Nicht umsonst ist z. B. das deutsche Wort »Laune« eine Ableitung aus dem lateinischen »Luna«, Mond. Der Mond scheint etwas zu tun zu haben mit unseren Launen und Gefühlen. Wer das einmal weiß, wird mit seinen Launen besser fertig. Und das ist wahrhaftig nichts Böses, im Gegenteil.

Schlimm ist allerdings jene Astrologie, die nur aufs Geschäft ausgeht und mit Zukunftsprognosen die Leute von vornherein für dumm verkauft. Das ist der Fall bei fast sämtlichen Horoskopen in Heftlein und Illustrierten. Davor kann ich nur warnen. Eine behutsame, eine verantwortungsvolle Astrologie vermag dagegen mindestens zu zeigen, daß wir Menschengeschöpfe nicht entwurzelt, nicht ungebunden leben, sondern verwurzelt und eingebunden in den größeren Schöpfungszusammenhang.

Und wiederum heißt es auch von diesem vierten Schöpfungstag zum Schluß:

>Und Gott sah, daß es gut war.

Und es ward Abend und ward Morgen: ein vierter Tag.«

Gottes Feststellung, »daß es gut war«, bezieht sich auf die Erde als Lebensträger und meint wohl: das soeben Geschaffene ist gut für das Leben, das bereits da ist in den Pflanzen und Bäumen und das noch entstehen wird in den Tieren und Menschen.

Die Wertung »gut« ist hier nicht moralisch gemeint im Sinn von »gut« und »böse«; »gut« ist eher ein biologisches, ein ökologisches »gut« im Sinne von »günstig für Wachstum und Entwicklung«.

Auf alle Fälle zielt Gottes Schöpfungswerk immer deutlicher auf das einzigartige Privileg der kleinen Erde im großen Kosmos, Leben hervorzubringen und Leben beherbergen zu dürfen. *Daraufhin* und *dafür* schafft der Schöpfer gute, optimale Bedingungen und Voraussetzungen.

Für mich läuft dieses Schöpfungshandeln Gottes auf Erwählung hinaus.

Die Bibel kennt den Begriff »Erwählung«. Israel sei das

ersterwählte Volk, die Gemeinde Jesu Christi gewissermaßen dann das zweiterwählte Gottesvolk. So ungefähr sagt Paulus (Römer 9–11). Erwählung ist aber nicht Selbstzweck. Immer zielt Erwählung durch Gott auf die Erwählung aller Völker, aller Menschen. Und ich glaube nun eben: immer ist damit gemeint die Erwählung, die Bestimmung dieser kleinen Erde zu einem Planeten des Lebens im sonst leblosen Weltall.

*(10. Oktober 1982)*

# Alles hängt mit allem zusammen

*Fünfter Schöpfungstag*

Und Gott sprach:
Es wimmle das Wasser von lebendigen Wesen und
Vögel sollen über die Erde flattern und an der
Feste des Himmels.
Und es geschah also.
Und Gott schuf die großen Seetiere und alle
Wesen, die leben und sich regen und im Wasser
wimmeln nach ihrer Art, und alle geflügelten
Vögel nach ihrer Art.
Und Gott sah, daß es gut war.
Und Gott segnete sie und sprach: Seid fruchtbar
und mehret euch und erfüllt das Wasser im Meer,
und die Vögel sollen sich mehren auf Erden.
Und es ward Abend und ward Morgen: ein fünfter
Tag.
*1. Mose 1,20–23*

Alles Geschaffene hängt mit allem Geschaffenen
zusammen. So will es Gott. So hat er's eingerichtet. Wir
haben diese gegenseitige Verbundenheit alles Geschaffenen lange Zeit vernachlässigt und vergessen. Allmählich
erkennen wir wieder, daß ohne saubere Luft, ohne saube-
res Wasser, ohne Grün und ohne Tiere auch wir Menschen
nicht mehr leben können.
Es ist kein Zufall, daß gleichzeitig mit der Ökologie, der

Lehre dieser allseitigen Zusammenhänge, auch die Religionen wieder neu entdeckt werden.

»Religion« heißt wörtlich »Gewissenhafte Berücksichtigung«. Berücksichtigung von was? Gemeint ist: Berücksichtigung der von Gott gesetzten Wirklichkeit. Darum kann »Religion« auch mit »frommer Scheu«, mit »Respekt« oder »Ehrfurcht« übersetzt werden. Immer ist mitgemeint der Respekt vor den Lebenszusammenhängen, in denen Gottes Schöpfungswille sichtbar wird.

Das neu erwachte Interesse für Religionen, handle es sich um fernöstliche, um indianische Religionen, um den Islam oder um das Christentum, ist eine Reaktion auf die extremen Arbeitsteilungen und Spezialisierungen unserer hochtechnisierten Zivilisation. Jeder kennt sich zwar aus in seinem Spezialgebiet, doch der Blick für Zusammenhänge ist verlorengegangen. Religionen dagegen sind Visionen eben dieser Zusammenhänge. Daß das neu erwachte Interesse für Religionen oft an unseren Kirchen vorbeigeht, sich dafür aber manifestiert in der ökologischen Bewegung oder in der Friedensbewegung, ist eine Herausforderung. Wahrscheinlich sind die etablierten Kirchen oft mit allzu nebensächlichen, allzu belanglosen Problemen beschäftigt, denken noch zu sehr an ihre Selbstbestätigung. Heute aber steht nicht mehr das Schicksal von Kirchen, heute steht das Schicksal der Welt auf dem Spiel. Es geht um das Überleben des Lebens. Darum die ökologische Bewegung, darum die Friedensbewegung! Darum auch das neue Interesse für Religionen, diese Visionen von Lebens-Zusammenhängen.

Die biblische Schöpfungserzählung ist ebenfalls eine solche Vision, die auf ihre Weise zeigt, daß alles mit allem zusammenhängt, wobei aber jedes Geschöpf seinen eigenen Lebensraum hat.

Hier, am fünften Schöpfungstage, erschafft Gott zuerst all jene Tiere, deren Lebensraum das Meer ist. Das erstaunt, weil die Schöpfungserzählung in einem Land- und Binnenvolk entstanden ist. Nie hat das alte Israel ans Meer gegrenzt. Zu Unrecht beruft sich das heutige Israel für seine Gebietsansprüche auf das Alte Testament. Wenn's wirklich nach dem Alten Testament gehen sollte, müßte Israel auf die gesamte Mittelmeerküste – inklusive Tel Aviv und Haifa – verzichten.

Das alte Israel war immer ein Binnenland. Dennoch beginnt die israelitische Schöpfungsgeschichte beim Wasser, beim Urmeer. Und die Erschaffung lebendiger Wesen setzt mit den Meerestieren ein. Vermutlich hat der biblische Erzähler hier altorientalisches Erzählgut von Meervölkern aufgenommen und abgewandelt, vielleicht, weil auch er schon geahnt hat, daß – wie man heute weiß – alles Leben, auch das der Tiere und der Menschen, ursprünglich aus dem Meer kommt.

Auf alle Fälle weiß der biblische Erzähler, daß das Leben auf den Kontinenten eng verknüpft ist mit dem Leben in den Meeren.

Ein Binnenvolk wie die alten Israeliten sind auch wir, die Schweizer. Nur scheinen wir uns der Bedeutung des Meeres bisher weniger bewußt gewesen zu sein. Tonnenweise lassen wir z. B. unsere radioaktiven Abfälle in den Atlantik versenken. Man sagt, das schade nichts, die Abfälle seien gut verpackt. Doch längst haben die Amerikaner, die ihren Atomabfall einst in genau derselben Verpackung vor der kalifornischen Küste versenkt hatten, feststellen müssen, daß 34 % der Fässer bereits beim Absinken oder beim Aufprall auf den Meeresboden leck geworden sind. Die radioaktive Strahlung an den Orten dieser Atommüll-Deponien war zuweilen 5064 mal größer als erlaubt. Jene Meerestiere, die dabei nicht kaputt gehen, verleiben sich die strahlenden Teilchen ein, die auch weiterstrahlen, wenn das Tier von anderen Tieren gefressen wird. Die Teilchen strahlen ebenfalls weiter, wenn z. B. die Fische von Menschen verspeist werden: dann strahlen sie eben im menschlichen Organismus weiter. (Zeitschrift »natur«, Oktober 1981). Man kennt die Folgen: Krebs, Leukämie, Beschädigungen und Zerstörungen vor allem der Fortpflanzungssubstanz.

Ein Dank gehört den tapferen Leuten der »Greenpeace«-Schiffe, die die Versenkung dieses Atommülls in den Atlantik immer wieder, bis jetzt leider erfolglos, zu verhindern versuchen. Vom Schöpfungsglauben her beurteilt sind die »Greenpeace«-Schiffe aber wahre Gottesschiffe, prophetische Schiffe sozusagen.

Doch wo soll die Schweiz sonst hin mit ihrem Atomabfall? Das ist es eben! Niemand weiß es. Bis jetzt hat kein Atomland dafür eine Lösung finden können. In Mühleberg soll das Zwischenlager für Atomabfälle deshalb von 1000 auf 6000 Fässer erhöht werden, oberirdisch und unmittelbar vor unserer Stadt: eine permanente Bedrohung schon in Friedenszeiten. In Kriegszeiten machen derartige Anlagen eine Verteidigung illusorisch.

Die Forcierung atomarer Stromerzeugung ist nur *ein* Beispiel dafür, wie wenig wir bisher der Tatsache Rechnung trugen, daß immer alles mit allem zusammenhängt – ein feingesponnenes Netz von Abhängigkeiten, das nicht folgenlos zerrissen werden kann. Noch wälzen wir die Last der Folgen zum Teil ins wehrlose Meer ab, weil es scheinbar weit weg von uns ist. Sollen halt die Spanier zusehen, wie sie mit dem Problem fertig werden!!

Doch das Meer ist näher, als wir glauben. Und damit auch DER Gott, der das Meer mit einer wimmelnden Lebendigkeit erfüllt hat, die wir nicht ungestraft zerstrahlen und zerstören können.

> »Und Gott schuf die großen Seetiere und alle
> Wesen, die leben und sich regen und im Wasser
> wimmeln nach ihrer Art, und alle geflügelten
> Vögel nach ihrer Art. Und Gott sah,
> daß es gut war.«

Gut auch die Vögel also, deren Lebensraum die Luft, der »Himmel« ist. Von ihnen hat Jesus gesagt: »Seht die Vögel des Himmels an! Sie säen nicht, sie ernten nicht und sammeln nicht in Scheunen, und euer himmlischer Vater ernährt sie doch!«

Die Vögel demnach als Symbol für ein wahrhaft entsorgtes Leben im Vertrauen auf Gott! Ihr Lebensraum ist freilich nicht bloß die Luft, auch Vögel können nicht nur von Luft leben, sie brauchen Gebüsche, Hecken, Bäume, brauchen Insekten, Käfer, Würmer – das ist die Nahrung, die der himmlische Vater für sie bestimmt hat, die wir Menschen aber mit Agrarchemie, mit Asphaltierungen, mit Entfernung der Hecken und Gebüsche kaputtmachen. Ich habe mir sagen lassen, es seien bereits 137 Vogelarten total und endgültig verschwunden.

Jedes Geschöpf hat seinen Lebensraum und seine Nahrungsbasis zugeteilt bekommen. Dieser zugewiesene Lebensbereich ist ein Segensbereich, ein gesegneter Entfaltungsraum.

> »Und Gott segnete sie und sprach: Seid fruchtbar
> und mehret euch und erfüllt das Wasser im Meer,
> und die Vögel sollen sich mehren auf Erden.«

Einzig der Mensch ist nicht an die Grenzen eines bestimmten Lebensbereiches gebunden. Wir haben unseren Aktionsraum ausgedehnt übers feste Land hinaus auf die Meere, in die Lüfte. Das stellt uns in eine besondere Verantwortung. Die Schöpfung, damit auch alle anderen Lebewesen, sind in unsere Hand gegeben, zum Segen oder zum Fluch.

In dieser Verantwortung will die Schöpfungserzählung uns helfen mit der Einsicht, daß nach Gottes Anordnung und Ordnung alles mit allem zusammenhängt. Die Vernichtung der Tiere schlägt früher oder später auf uns Menschen zurück; ohne Tierwelt wird es auch keine Menschenwelt mehr geben.

Was tun?

Die Schöpfungserzählung ist eine einzige Bitte an uns, freundlich umzugehen mit der Erde, mit der Luft und dem Wasser, freundlich umzugehen mit den Fischen und Vögeln, mit Tieren überhaupt. Freundlich heißt: wie mit Freunden.

Erst in diesem freundlichen Umgang mit allem, was ist und was lebt, werden wir Gottes Freundschaft neu erfahren.

1855 schrieb ein Indianerhäuptling dem amerikanischen Präsidenten in einem denkwürdigen Brief unter anderem: »Was ist der Mensch ohne Tiere?... Alles, was den Tieren widerfährt, trifft auch den Menschen. Alle Dinge sind miteinander verbunden.«


*Gebet*

Du Gott der Menschen und der Tiere,
den Fisch hat Deine Kirche zum Symbol für Christus gewählt, einen Vogel zum Symbol des Heiligen Geistes gemacht.
Diese Heilssymbole erinnern daran, daß die Tiere miteingeschlossen sind in Dein Heil.

Laß uns nicht länger gedankenlos mit dem Wort »tierisch« umspringen, als wäre das etwas Böses, das Wort »menschlich« aber stets etwas Gutes. Viele Tiere, Du weißt es, erfahren das anders, erleben durch uns ein oft gnadenloses Auschwitz.

Was wir den Tieren antun, fällt auf uns selber zurück.

So verhilf uns zu einer freundlicheren Beziehung zu den Tieren.

Stehe allen bei, die sich für Tiere einsetzen und wehren, dabei aber oft als Sonderlinge belächelt werden.

Stehe den Leuten der Greenpeace-Schiffe bei in ihrem Kampf gegen die Atommüllverseuchung der Meere.

Laß uns erwachen, o Gott, bevor es zu spät ist.

AMEN

*(31. Oktober 1982)*

# Menschen und Tiere

*Sechster Schöpfungstag I*

Und Gott sprach: Die Erde bringe lebende Wesen
hervor, Vieh, Gewürm und wilde Tiere, je nach
ihrer Art.
Und es geschah also.
Und Gott machte die wilden Tiere nach ihrer Art
und das Vieh nach seiner Art und alle Tiere, die auf
dem Boden kriechen, nach ihrer Art.
Und Gott sah, daß es gut war.
Und Gott sprach: Lasset uns Menschen machen
nach unserem Bilde, uns ähnlich!
Die sollen herrschen über die Fische im Meer und
über die Vögel am Himmel und über das Vieh und
über alle wilden Tiere und über alles Gewürm, das
auf Erden sich regt.
Und Gott schuf den Menschen nach seinem Bilde,
nach dem Bilde Gottes schuf er ihn, als Mann und
Frau schuf er sie.
*1. Mose 1,24–27*

Mit dem sechsten Schöpfungstag kommen wir zu
den bekanntesten, freilich auch umstrittensten Passagen
unserer Schöpfungserzählung. Deshalb wollen wir die
Gangart etwas verlangsamen und zunächst nur *einen*
Aspekt dieser abschließenden Schöpfungswerke hervorhe-
ben: *die Herrschaft der Menschen über die Tiere.*

Wie wir bisher sahen, hat jede Art von Lebewesen ihren eigenen Lebensraum zugewiesen bekommen: die Gestirne den Himmel, die Wassertiere das Meer, die Vögel den Luftraum. Überschneidungen gab es kaum. Jetzt aber, auf dem festen Land, sieht es anders aus. Hier müssen sich zwei Arten von Lebewesen, nämlich die Landtiere und die Menschen, in ein und denselben Lebensraum teilen.

Damit ist die Möglichkeit von Konflikten gegeben.

Dieser Konfliktmöglichkeit setzt der Schöpfer die Fähigkeit entgegen, Konflikte zu regeln. Diese Fähigkeit und Verantwortung für Konfliktregelungen wird den Menschen verliehen. Das macht unsere besondere Stellung aus, unsere Gottebenbildlichkeit.

Doch jetzt der Reihe nach.

»Und Gott sprach: Die Erde bringe lebende Wesen hervor . . .«

Wiederum ist die Erde aktive Mitarbeiterin beim Schöpfungswerk: nicht Gott erschafft die Landtiere, sondern die Erde ist's, die sie im Auftrag Gottes hervorbringen soll. Wahrscheinlich wirkt hier die Vorstellung der Erde als einer Muttergöttin nach. Jedenfalls wird die Erde nicht als Objekt, nicht bloß als Material betrachtet. Sie ist, auch für die Bibel, doch eher eine Mutter als nur eine Sache, die wir beliebig beherrschen und ausbeuten dürfen. Einer Mutter gebührt Respekt, Rücksicht, Zärtlichkeit, sie ist weder Herrschafts- noch Ausbeutungsobjekt. Folglich haben auch die erdnächsten Geschöpfe, die Tiere, einen Anspruch auf ähnlich liebevollen Respekt.

Dann aber ist's, als wolle der Erzähler klarmachen, daß dennoch nicht eine Muttergöttin Erde, sondern der eine und einzige Gott alles ins Leben ruft. Deshalb heißt's bei der Ausführung des göttlichen Entschlusses dann doch wieder: »Und Gott machte . . .«

> »Und Gott machte die wilden Tiere nach ihrer Art
> und das Vieh nach seiner Art und alle Tiere, die auf
> dem Boden kriechen, nach ihrer Art. Und Gott
> sah, daß es gut war.«

Doch eben: ihren Lebensraum, die Erde, teilen die Landtiere mit uns Menschen. Die Regelung der hier möglichen
Konflikte wird den Menschen anvertraut:

> »Und Gott sprach: Lasset uns Menschen machen
> nach unserem Bilde, uns ähnlich! Die sollen
> herrschen über die Fische im Meer und über die
> Vögel am Himmel und über das Vieh und über alle
> wilden Tiere und über alles Gewürm, das auf
> Erden sich regt. Und Gott schuf den Menschen
> nach seinem Bilde, nach dem Bilde Gottes schuf er
> ihn, als Mann und Frau schuf er sie.«

Was bedeutet nun aber: »Nach dem Bilde Gottes«? Man
hat herausgefunden, daß diese Formel aus der Königside-
ologie des Vorderen Orient stammt. So etwa wurden in
Mesopotamien und in Ägypten die Könige als »Ebenbild
Gottes« bezeichnet. Ihre Gottebenbildlichkeit meinte
konkret: Stellvertretung! Könige galten als Stellvertreter
Gottes auf Erden. Hier, in unserer Erzählung, passiert nun
plötzlich aber etwas Erstaunliches, Aufregendes: nicht
Könige sollten Gottes Stellvertreter sein, sondern alle
Menschen, die Menschheit insgesamt! Die altorientalische
Königsideologie wird also aus den Angeln gehoben. Dem
Menschen, allen Menschen, werden Rechte zugeschrieben, wie sie bisher nur Könige gehabt hatten! Überra-
schenderweise entpuppt sich also unsere Schöpfungserzählung als ein frühes, vielleicht das früheste demokrati-
sche Manifest! Nicht einzelne Auserwählte oder Begün-
stigte sind königliche Ebenbilder und Stellvertreter Gottes, sondern *alle* sind es, die Menschheit, die Menschen-

familie insgesamt! Allen werden von Gott die königlichen Rechte und Pflichten der Gottesebenbildlichkeit, der Stellvertretung Gottes, zuerkannt! An die Stelle der hierarchischen Stufung von König, Adel, Untertanen tritt die kooperative Gemeinschaft von Mann und Frau: nach seinem Bilde schuf Gott den Menschen, »als Mann und Frau schuf er sie«. Jeder ein König, jede eine Königin! Gesellschaftliche Strukturen, welche Menschen zu Untertanen und Befehlsempfängern degradieren, widersprechen dem Willen des Schöpfers. Daß alle Menschen Ebenbilder Gottes sind, bekräftigt später vollends die Menschwerdung des Wortes Gottes *nicht* im Königssohn einer Haupt- und Königsstadt, sondern im Sohn eines Zimmermanns im Provinznest Nazareth, von dem die Jerusalemer naserümpfend sagten: »Was kann aus Nazareth schon Gutes kommen?« (Johannes 1,46) In Nazareth lebten Leute ohne Rang und Namen, ohne Einfluß und Tradition. Doch genau das ist das Milieu DES Gottes, der unsere Freiheit, der die Freiheit *aller* will!

Zum Königtum, zur Gottebenbildlichkeit gehört Herrschaft. Darum sagt Gott von uns Menschen, von uns allen:

> »Die sollen herrschen über die Fische im Meer und über die Vögel am Himmel und über das Vieh und über alle wilden Tiere und über alles Gewürm, das auf Erden sich regt.«

Hier klingt vielleicht die Erinnerung an jene Frühzeit an, wo Tiere noch Feinde und Konkurrenten des Menschen gewesen sind. Indem er sich zunächst gegen die Tiere wehren und durchsetzen mußte, hat sich der Mensch als ihr Herrscher bewiesen.

Wiederum ist das Wort »herrschen« der Vorstellungswelt des altorientalischen Königtums entnommen. Dabei darf man nicht an grausame Despoten denken. Im Alten Testament gewährleistete der gute, gottgefällige König gerechte Verhältnisse. Im Sinne des Ausgleichs, des »schalom«, wirkte er vor allem als Richter. Im alten Israel fällte ein Richter selten autoritäre Urteile, er war eher ein Schlichter, ein Schiedsmann, der den streitenden Parteien Urteilsvorschläge machte, die ihnen einleuchten sollten. Man denke an das berühmte salomonische Urteil! (1. Könige 3, 16–28) Richten ist im Alten Testament nichts anderes als die Wiederherstellung des »schalom«, eines friedlichen und befriedigenden Gleichgewichts der Forderungen und Gewährungen.

In dieser Weise des Schalom-Herstellens ist auch die Herrschaft der Menschen über die Tiere zu verstehen. Wo es Konflikte zwischen Menschen und Tieren gibt, weil sie einander in die Quere kommen, soll der Mensch als Schiedsrichter für einen modus vivendi sorgen, der das Gleichgewicht des »schalom« wiederum herstellt, ohne daß dabei ganze Tierarten zugrunde gehen.

So wird dem Menschen das »Herrschen« als Verantwortung für die anderen übertragen, für die Tiere in diesem Fall. Herrschen bedeutet nicht Vergewaltigung, nicht Ausrottung. Herrschen ist hier ausdrücklich verknüpft mit der Gottebenbildlichkeit: Gott herrscht über die Welt, doch er vergewaltigt sie nicht, pflegt vielmehr ihr Gleichgewicht, wo alles mit allem zusammenspielt, und er macht dieses Gleichgewicht niemals kaputt. Genau so sollen wir Menschen mit den Tieren, mit der Schöpfung überhaupt umgehen.

Wir wissen, wie katastrophal diese Verantwortung in ihr Gegenteil pervertiert worden ist, wie katastrophal wir unter den Tieren gewütet haben. Und das geht immer noch weiter. Jetzt beginnt sich da und dort aber Widerstand zu regen. Als Leser der Schöpfungserzählung sind wir aufgerufen, uns diesem Widerstand anzuschließen.

Im Evangelium Markus gibt es eine wenig beachtete Stelle. Da wird berichtet, nach seiner Taufe durch Johannes den Täufer sei Jesus 40 Tage in der Wüste gewesen und sei vom Satan versucht worden. Wörtlich heißt es dann: »Und er war bei den Tieren, und die Engel dienten ihm.« (Mk 1,13)

Das macht nachdenklich. Mit Engeln sind Tiere die Gesellschafter Jesu in seiner Einsamkeit. In *einem* Atemzug, in *einem* Satz werden sie nebeneinandergestellt: Tiere, Engel! Sie stören einander nicht, im Gegenteil, sie scheinen gut zueinander zu passen, zwischen ihnen herrscht Friede, Einvernehmen.

Und dann diese Formulierung: »Er (Jesus) war bei den Tieren.« Bevor er aufbrach, um öffentlich zu wirken, war er bei den Tieren! Der Teufel setzt ihm zu, später werden Menschen ihm zusetzen, doch bei den Tieren ist für ihn Zuflucht, ist so etwas wie Heimat, just bei Tieren, die man üblicherweise für gefährlich hält und »wilde« Tiere nennt. So grausam aber wie Menschen ist kein Tier.

»Er war bei den Tieren.«

Von da brach er auf zu uns. So haben wir's in den Tieren, gerade in den Tieren, immer auch mit *Ihm* zu tun.

*(21. November 1982)*

# Verantwortung, nicht Raubbau

*Sechster Schöpfungstag II*

Und Gott schuf den Menschen nach seinem
Bilde,
nach dem Bilde Gottes schuf er ihn, als Mann und
Frau schuf er sie.
Und Gott segnete sie und sprach zu ihnen:
Seid fruchtbar und mehret euch und füllet die Erde
und macht sie euch untertan, und herrschet über
die Fische im Meer und die Vögel des Himmels,
über das Vieh und alle Tiere, die auf Erden sich
regen.
Und Gott sprach: Siehe, ich gebe euch alle
samentragenden Pflanzen auf der ganzen Erde
und alle Bäume, an denen samenhaltige Früchte
sind. Sie sollen eure Nahrung sein.
Aber allen Tieren der Erde und allen Vögeln des
Himmels und allem, was sich regt auf der Erde,
was Lebensatem in sich hat, gebe ich alles Kraut
und Gras zur Nahrung.
Und es geschah also.
Und Gott sah alles an, was er gemacht hatte, und
siehe, es war sehr gut.
Und es ward Abend und ward Morgen: der
sechste Tag.
*1. Mose 1,27–31*

EIN Mensch ist KEIN Mensch. Das bezeugt auch die andere Schöpfungsgeschichte der Bibel, diejenige nämlich von Adam und Eva. Nach der Erschaffung Adams stellt Gott dort fest: »Es ist *nicht* gut, daß der Mensch allein sei.« (1. Mose 2,18)

Hier, in der jüngeren Schöpfungserzählung (vermutlich aus dem 6. vorchristlichen Jahrhundert), schafft Gott schon gleich von Anfang an Menschen in der Mehrzahl, einen Mann, eine Frau. Von der Kinderzeit bis zum Greisenalter brauchen wir andere Menschen, um selber Mensch sein zu können. Karl Barth formulierte: »Der Mensch ohne den Mitmenschen ist nicht der Mensch, sondern das Gespenst des Menschen.«

Für diese Wahrheit steht hier das Paar von Mann und Frau, ohne daß man daraus schon eine ganze Ideologie der Ehe und der Zweierbeziehung ableiten darf. Es gibt unzählige Beispiele erfüllten Menschseins ohne Ehe, auch ohne Zweierbeziehung, so wie es unzählige Beispiele gibt für unerfülltes, für unglückliches Menschsein *in* der Ehe, *in* Zweierbeziehungen. Die Palette menschlicher Gemeinschafts- und Beziehungsmöglichkeiten ist mannigfaltig; die Paarbeziehung ist *eine* dieser Möglichkeiten.

Allerdings: DEN Menschen gibt es nicht. Konkret gibt es Frauen und Männer. Zudem hatten der erste Mann und die erste Frau die Aufgabe, Stammeltern der Menschheit zu werden, entsprechend dem Befehl des Schöpfers: »Seid fruchtbar und mehret euch ...!«

Dieser Befehl erging im Blick auf die noch menschenleere Erde. Daß es heute unsinnig wäre, weiterhin eine uneingeschränkte Fruchtbarkeit zu propagieren, versteht sich von selbst. Gegen Geburtenkontrolle und Familienplanung ist nichts einzuwenden, im Gegenteil. Dennoch sind sie nicht, wie manche meinen, ein Allheilmittel. Die Hauptursache der Bevölkerungsexplosion ist, wie man in der Dritten Welt feststellen kann, die Armut. Je höher der Wohlstand, desto mehr stabilisiert sich eine Bevölkerung. Gerade die Armut aber wächst weiter als Folge eines Weltwirtschaftssystems, das die armen Länder noch ärmer macht, aber auch als Folge der schlechterdings irrsinnigen Summen, die in unproduktive Rüstung gesteckt werden.

In der Sprache unserer Schöpfungserzählung heißt das: wir haben vergessen, daß wir »nach dem Bilde Gottes« geschaffen sind. »Bild Gottes« ist nicht der für sich selbst lebende Mensch, sondern erst derjenige, der für andere da ist, mit anderen solidarisch wird, so wie eben Mann und Frau füreinander da und miteinander solidarisch sind.

Wenn diese Solidarität nicht mehr spielt, so daß die einen immerzu reicher, die andern immerzu ärmer werden, kommt die Welt aus dem Gleichgewicht – auch aus dem Gleichgewicht der Bevölkerungszahl.

Darum hat der Reichste, nämlich Gott, Partei ergriffen für die Armen und ist Mensch geworden im Kind armer Leute, in einem Land der Dritten Welt.

Doch zurück zu unserer Erzählung, wo Gott den ersten Menschen sagt:

> »Seid fruchtbar und mehret euch und füllet die Erde und macht sie euch untertan, und herrschet über die Fische im Meer und die Vögel des Himmels, über das Vieh und alle Tiere, die auf der Erde sich regen.«

Da stehen sie nun also, diese verhängnisvoll gewordenen Worte: »Machet euch die Erde untertan!«

Aus dem Zusammenhang ergibt sich aber: an eine schrankenlose Verfügungsgewalt der Menschen über die Schöpfung ist nicht gedacht. Das ist erst viel später in diesen Satz hineingetragen worden, z. B. auf Grund des römischen

Rechts, für welches die Natur eine Sache ist, nicht etwas Lebendiges. Über eine Sache kann man verfügen. Die Römer und ihr bis heute nachwirkendes Recht haben deshalb das private Eigentumsrecht an der lebendigen Erde, an Grund und Boden, zu einem obersten Prinzip gemacht – eine Auffassung, die fast allen Völkern ursprünglich fremd war. Auch im alten Israel gehörten Grund und Boden Gott und waren nicht ein beliebig verfügbares, beliebig käufliches oder verkäufliches Eigentum, keine Sachen also.

Vollends verhängnisvoll war, daß in der Zeit der Weltentdeckung und Weltbemächtigung durch die Europäer der Philosoph Descartes alles Nicht-Menschliche zu toten Dingen degradierte. »Ich denke, also bin ich«, hat Descartes bekanntlich gesagt. Da er in der Natur und bei den Tieren kein solches Denken glaubte feststellen zu können, hat er alle außermenschlichen Wesen und die Natur insgesamt für seelenlos, für leblos gehalten. Tiere z. B. waren für ihn Maschinen ohne Seele. Bald haben europäische Eroberer andersfarbige Menschen anderer Kontinente ebenfalls für Tiere, für seelenlose Wesen gehalten, die man zähmen muß und ausbeuten darf.

Ich vereinfache, ich weiß. Der Weg, der zur Verdinglichung der Natur und zur blinden Verfügungswillkür des weißen Mannes über die Welt geführt hat, war lang. Sein Resultat aber bleibt der Weltraubbau, die Weltzerstörung, vor der wir jetzt erschrecken.

Keinesfalls darf man diese Entwicklung nun aber dem biblischen Satz anlasten: »Machet euch die Erde untertan!«

Im Zusammenhang unserer Erzählung bedeutet dieser Satz zweierlei:

1. Es wird dem Menschen erlaubt, Ackerbau zu treiben. Mit »Erde« ist nicht der Globus gemeint, sondern der Bo-

den unter den Füßen des Menschen, der hebräisch »adam«
heißt, abgeleitet von »adamah«, was »Erde« bedeutet.
Adam, der Erderich, bekommt die Erlaubnis und den Auftrag, die Erde zu beackern.
Und 2. ist mit »untertan machen« die sorgende, pflegende,
auch schiedsrichterliche Herrschaft über die Tiere gemeint, von der wir zuvor hörten. An Tiertötung zum
Zweck der Nahrungsbeschaffung ist dabei (noch) nicht
gedacht, dem Menschen wird pflanzliche Nahrung zugewiesen.

>»Und Gott sprach: Siehe, ich gebe euch alle
>samentragenden Pflanzen auf der ganzen Erde
>und alle Bäume, an denen samenhaltige Früchte
>sind. Sie sollen eure Nahrung sein.«

Das heißt: Der Mensch soll Getreide und Baumfrüchte es-
sen, Pflanzen also, die des Anbaus bedürfen. Den Tieren
dagegen wird als Nahrung Kraut und Gras zugewiesen,
Pflanzen also, die von selber nachwachsen und keines Anbaus bedürfen:

>»Aber allen Tieren der Erde und allen Vögeln des
>Himmels und allem, was sich regt auf der Erde,
>was Lebensatem in sich hat, gebe ich alles Kraut
>und Gras zur Nahrung. Und es geschah also.«

Mit dieser verschiedenen Nahrungszuweisung versucht
der Schöpfer einem möglichen Kampf zwischen Menschen
und Tieren um die Nahrung vorzubeugen. Tierjagd, Tier-
schlachtung, tierische Nahrung kommen erst auf nach der
schuldhaft verursachten Katastrophe der Sintflut.
Hören wir also auf, uns für globalen Raubbau, für globale
Zerstörungen auf den Satz zu berufen: »Machet euch die
Erde untertan!« Dieser Satz enthält einzig die Erlaubnis,
Ackerbau zu treiben, und dazu den Auftrag, fürsorglich
die Verantwortung für die Tiere zu tragen.

Ein Hinweis noch zum Schluß: stets deutlicher zeigt sich, daß die zerstörerische Ausbeutung der Natur Hand in Hand geht mit der zerstörerischen Ausbeutung von Menschen und Völkern. Die Kriegführung gegen die Natur und die Kriegführung der Menschen gegeneinander sind zwei Seiten ein und derselben Medaille. Heute sagen immer mehr Frauen, beides habe etwas zu tun mit einer Denkweise und Zivilisation, die von männlichen Vorstellungen geprägt worden sind. Christliche Frauen doppeln nach mit der Feststellung, auch die bisherige Gottesvorstellung sei ja einseitig männlich gewesen, d. h. vor allem herrscherlich, unterwerfend, erobernd.

Hier, am Anfang der Bibel, steht es anders: nach seinem Bild habe Gott den Menschen geschaffen, »als Mann und Frau schuf er sie«. So ist also auch Gott Mann UND Frau, Vater UND Mutter. Wir jedoch haben gerade das Weibliche aus Gott herausgelöst, haben es verdrängt und uns einem männlichen Befehlshaber- und Kommando-Gott unterworfen, zum Schaden unserer Seelen, zum Schaden unserer Erde. Die Art, wie wir an Weihnachten das Kind in der Krippe und seine Mutter feiern, ist oft nur eine kümmerliche und erst noch folgenlose Kompensation für die jahraus jahrein verdrängte Weiblichkeit Gottes.

Um so heller leuchtet die Vision dieser Schöpfungserzählung: Gott ebenso weiblich wie männlich, Gott als Integration und Versöhnung! Kein Eroberer, kein Unterwerfer; vielmehr Schöpfer UND Schöpferin, Befreier UND Befreierin – Gott als Liebe.

*(12. Dezember 1982)*

# Die Krone der Schöpfung

*Siebenter Schöpfungstag*

So wurden der Himmel und die Erde mit ihrem
ganzen Heer vollendet.
Und am siebenten Tage vollendete Gott sein
Werk, das er gemacht hatte.
Und am siebenten Tage ruhte er von all seinem
Werk, das er gemacht hatte.
Und Gott segnete den siebenten Tag und er
heiligte ihn,
denn an ihm ruhte er von all seinem Werk, das er
geschaffen hatte.
Dies ist die Entstehung des Himmels und der
Erde, als sie geschaffen wurden.
*1. Mose 2,1–4a*

Der Mensch, hört man etwa sagen, sei die Krone
der Schöpfung.
Früher mag man das mit Stolz behauptet haben. Heute
wird dieser Satz wohl nur noch ironisch oder kleinlaut zi-
tiert. Er stimmt auch gar nicht! Nach unserer Schöpfungserzählung ist die Krone der Schöpfung die Ruhe Gottes am
siebenten Tag.
Von uns Menschen ist an diesem siebenten Tag nicht mehr
besonders die Rede. Summarisch wird festgestellt:

»So wurden der Himmel und die Erde mit ihrem
ganzen Heer vollendet.«

Mit »Heer« ist nichts Militärisch-Kriegerisches gemeint. Das Militär ist keine Schöpfung Gottes. »Heer«, auch »Heerscharen« sind im Hebräischen etwas hilflose Behelfswörter für wimmlige Vielzahl, für große Mengen und hier für die Überfülle und Vielfalt alles Geschaffenen. Dazu gehören, versteht sich, auch die Menschen. Indem sie jedoch nicht mehr speziell genannt und hervorgehoben werden, bezeugt unser Text, daß Gott nicht allein nur ein Gott für uns Menschen, sondern ebenso der Gott der Tiere, der Pflanzen, der Materie ist – ein Bekenntnis, das die naturwissenschaftliche Evolutionstheorie weder machen kann noch machen will.

Bekanntlich hat es lange Zeit einen erbitterten, aber unnützen Streit gegeben zwischen Anhängern der biblischen Schöpfungsgeschichte und Anhängern der Evolutionstheorie. In den USA haben fundamentalistische Christen es mancherorts von neuem durchgesetzt, daß in den Schulen bloß noch die biblischen Schöpfungserzählungen, nicht mehr wissenschaftliche Evolutionserkenntnisse vermittelt werden dürfen. Das ist lächerlich – oder auch traurig, wie alles Reaktionäre dumpf und traurig ist.

In der Bibel geht es um den Sinn der Schöpfung. In der Evolutionstheorie spielt nur die Entstehungs-, nicht aber die Sinnfrage eine Rolle. Das ist ein Unterschied, doch kein Gegensatz. So wenig die Schöpfungserzählung die Evolution ausschließt, setzt die Evolutionstheorie die Schöpfungserzählung außer Kraft.

Der entscheidende Gegensatz tut sich anderswo auf, nämlich zwischen dem Glauben, Gott sei allein für uns Menschen da, nur der Mensch sei einer Beziehung zu Gott fähig (wie Descartes behauptete), und dem Glauben, der hier bezeugt wird, wonach Gott ebenso der Gott der übrigen und damit der ganzen Schöpfung (und ihrer »Heere«!) ist.

Entscheidend ist dieser Gegensatz deswegen, weil er zu zwei verschiedenen Verhaltensweisen führt: entweder nämlich respektiert man Gott auch in den Tieren, den Pflanzen, der Materie, oder, wenn diese in keiner Beziehung zu Gott stehen, kann man mit der außermenschlichen Schöpfung nach Belieben umspringen. Lange Zeit hat diese letztere Auffassung vorgeherrscht. Jetzt dämmert allmählich die Einsicht, daß der respektlose, zerstörerische Umgang mit den Tieren, den Pflanzen sowohl anti-göttlich wie anti-menschlich ist, weil er alle lebenswichtigen Zusammenhänge kaputtmacht – genau diese Zusammenhänge also, die Gott bei ihrer Erschaffung für »gut« befunden hat, so gut sogar, daß er jetzt, nach Vollendung der Schöpfung, vom getanen Werk zurücktreten und ausruhen kann:

> »Und am siebenten Tage vollendete Gott sein
> Werk, das er gemacht hatte.
> Und am siebenten Tage ruhte er von all seinem
> Werk, das er gemacht hatte.
> Und Gott segnete den siebenten Tag und er
> heiligte ihn,
> denn an ihm ruhte er von all seinem Werk, das er
> geschaffen hatte.«

Das also ist die Krone der Schöpfung: Gottes Ruhe am siebenten Tag! Seine Segnung und Heiligung unterstreicht vollends, daß es sich hier um die Krönung von allem handelt.

Was hat es mit dieser Ruhe auf sich?

Sie ist ein Bild dafür, daß die Schöpfung jetzt selber zu existieren vermag, daß sie jetzt in sich selber lebensfähig und entwicklungsfähig ist. Und so entläßt Gottes Ruhen die Schöpfung in ihre Eigenständigkeit, in ihre Freiheit. Im zunächst naiv anmutenden Bild vom göttlichen Ausruhen kommt das Gleichnis des Lebens, das Wunder der eigenständigen Lebendigkeit alles Geschaffenen erst richtig zum Leuchten: Gott tritt zurück, Gott kann ausruhen, weil die Schöpfung LEBT!

Daß diese Eigenständigkeit und Freiheit des Lebens auch Experiment, auch Risiko bedeutet, vorweg beim freiesten aller Geschöpfe, beim Menschen, das kommt hier noch nicht in Sicht. Davon ist im anderen Schöpfungszeugnis die Rede, das bekanntlich zur Geschichte vom Sündenfall überführt (1. Mose 3), davon ist in den biblischen Geschichten dann noch oft die Rede. Erst recht zeigt die Geschichte der Menschen und Völker, wie risikoreich die Freiheit ist – bis heute, da wir darum bangen müssen, ob das Experiment mit der Freiheit des Menschen nicht vielleicht doch fehlschlagen könnte. Gott will diesen Fehlschlag nicht. Daß allenfalls wir Menschen oder einige Menschen ihn wollen können, gehört zur Gefährlichkeit unserer Freiheit, gehört zur Passion, zum Leiden Gottes an uns.

Gottes Ruhe am siebenten Tag bedeutet ja nicht, daß Gott sich abwendet oder daß er gar in jene teilnahmslose Apathie verfällt, die etwa den griechischen Göttern zugeschrieben worden ist (A-Pathie: Unfähigkeit, auch Unwilligkeit zum Leiden, zur engagierten Teilnahme). Der biblische Gott ist nicht apathisch, kein nobler Olympier, der nie müde wird, weil er nie arbeitet. Die Schöpfungserzählung läßt Gott eher wie einen Arbeiter, wie einen Handwerker, auftreten. Auch das mag naiv anmuten. Aber es ist nicht zufällig, daß die Arbeit in der Bibel ihre große Würde hat, während sie in der altgriechischen Kultur unter der Würde der Götter und der freien Menschen war, sie wurde den Sklaven aufgebürdet. Die Bibel lehnt Sklaverei ab. Für sie gehört Arbeit zum Mensch-Sein und auch zur Qualität

Gottes. Gerade deswegen weiß sie, wie wichtig Verschnaufen und Atemholen, Entspannung und Ruhe sind (Ruhe = hebräisch »Sabbat«).

Das Schöpfungswerk Gottes ist, wir haben es gesehen, zugleich ein Werk der Scheidungen. Nach der Scheidung von Licht und Finsternis, von Wasser und Land scheidet Gott hier nun auch die Zeit in Zeiten der Arbeit und in Zeiten der Ruhe. Unaufhörlich soll weder die Arbeit noch die Ruhe sein. Erst der Wechsel von Arbeit und Ruhe macht die Qualität der Zeit und damit die Lebensqualität aus. Wessen Leben nur Arbeit ist, lebt als Gehetzter, buchstäblich als Sklave und ohne Lebensqualität. Wer dagegen Arbeit nur als widrigen Zwang empfindet, sie nicht als Dienst für Mitmenschen und als Selbstverwirklichung realisieren kann, muß ebenfalls ohne Lebensqualität dahinleben.

Wahrscheinlich kann aus der Erzählung vom siebenten Schöpfungstag gleicherweise ein Recht auf Arbeit wie ein Recht auf Ruhe abgeleitet werden. Wenn heute die vorhandene Arbeit nicht mehr für alle ausreichen will und die Zahl der Arbeitslosen anwächst, so bestünde die logische Gegenmaßnahme wohl darin, die vorhandene Arbeit neu unter die Arbeitswilligen aufzuteilen, so daß alle ein bißchen weniger arbeiten und wohl auch weniger verdienen, dafür aber alle arbeiten können.

Gottes Ruhe, ich sagte es, bedeutet nicht einen Rückzug Gottes von seiner Schöpfung. Sonst gäbe es die übrige Bibel nicht, die von immer neuen Taten und Einmischungen Gottes erzählt, von seinem leidenschaftlichen Einsatz für die Schöpfung, für die Menschen – bis hin zu jenem Zimmermann, der schließlich unter Blut, Schweiß und Tränen am Galgen starb, um Gottes Festhalten an uns und unserer Zukunft von neuem zu besiegeln.

Gottes Ruhe ist nicht unbegrenzt, sondern begrenzt auf

den siebenten Tag. Er ist die Krone der Schöpfung, weil Gott ruht, weil Gott Atem holt. Und er braucht in der Tat einen sehr langen Atem im Umgang mit uns Menschengeschöpfen.

Die Erzählung vom siebenten Schöpfungstag und vom Atemholen Gottes ist Evangelium, ist frohe Botschaft, die uns verkündet, daß Gott einen langen Atem hat. Deswegen gibt es – trotz allem! – Hoffnung für uns.

Wenn ich zu Anfang dieser Auslegungen darauf hinwies, daß die Schöpfungserzählung eine Art Liturgie sei, entsprungen der Sorge um den Bestand der Welt, so mündet mit dem siebenten Tag diese Liturgie in die Hoffnung, sogar in das Bekenntnis, daß Gott uns nicht aufgeben wird. Als Geist, als Leben trägt und führt sein langer Atem uns weiter, auch durch die eigenen Schuldverhängnisse hindurch.

> »Dies ist die Entstehung des Himmels und der Erde, als sie geschaffen wurden.«

*Gebet*

Du hast alles geschaffen,
o Gott,
Du hast Dich mit Deiner Schöpfung verbunden in Jesus, Deinem Christus,
Du leidest, Du arbeitest an uns mit Deinem langen Atem, durch Deinen heiligen Geist.
Zeige uns, wie wir unsere wirtschaftlichen und politischen Verhältnisse ändern müssen zugunsten von mehr Menschlichkeit, von mehr Tierlichkeit, von mehr Pflanzlichkeit.

Vor allem bitten wir Dich um den Fortbestand
dieser Welt auch für unsere Kinder und
Kindeskinder, damit Du mit ihnen und sie mit Dir
werden leben können.
Amen.

*(9. Januar 1983)*

# Das Haus der Schöpfung

*Ein ökologischer Psalm*

Die Schöpfungs-Erzählung der sieben Tage ist eine Liturgie für den Bestand der Welt. Dasselbe gilt vom 104. Psalm (Übersetzung nach Zürcher Bibel, Hans-Joachim Kraus und Martin Buber):

»Lobe den Herrn, meine Seele!
Wie bist du sehr groß, o Herr, mein Gott,
bekleidet mit Glanz und Hoheit,
in Licht gehüllt wie in einen Mantel,
der den Himmel spannt wie ein Zeltdach,
der einen Hochsitz zimmert über den Wassern,
der Wolken zu seinen Wagen macht,
der auf Flügeln des Sturmes einherfährt,
der Winde zu seinen Boten bestellt
und zum Diener das lodernde Feuer,
der die Erde auf ihre Pfeiler gegründet hat,
so daß sie nimmermehr wankt.
Die Urflut deckte sie zu wie ein Kleid,
über den Bergen standen die Wasser,
vor deinem Schelten sind sie geflohen,
verscheucht von der Stimme deines Donners.
Da hoben sich Berge,
senkten sich Täler
an den Ort, den du ihnen gesetzt.
Du hast eine Grenze gezogen,
die sie nicht überschreiten,

nie kehren sie wieder, um die Erde zu bedecken!
Du schickst die Quellen aus in die Täler,
zwischen Bergen gehen sie dahin,
tränken alle Tiere des Feldes,
Wildesel stillen ihren Durst.
Am Ufer nisten die Vögel des Himmels,
zwischen den Zweigen ertönt ihr Singen.
Von deinem Hochsitz aus tränkst du die Berge,
vom Naß deiner Wolken wird die Erde satt.
Du lässest Gras sprießen für die Tiere
und Gewächs für den Ackerdienst des
Menschen,
damit er Brot hole aus der Erde
und Wein, der das Herz der Menschen erfreut
und ihr Antlitz noch mehr leuchten läßt als von Öl,
aber Brot labt das Herz der Menschen.
Die Bäume des Herrn trinken sich satt,
die Zedern des Libanon, die er gepflanzt hat,
worin Vögel nisten:
der Storch, der sein Haus auf Zypressen hat.
Hohe Berge gehören dem Steinbock,
Felsen sind der Klippdachse Schutz.
Du hast den Mond gemacht für die Gezeiten,
die Sonne, die ihren Niedergang kennt.
Bringst du Finsternis, wird es Nacht,
da alles Getier des Waldes sich regt.
Die Junglöwen brüllen nach Raub,
fordern von Gott ihre Nahrung.
Strahlt dann die Sonne auf, so ziehen sie heim,
lagern in ihren Höhlen.
Da tritt der Mensch heraus an seine Arbeit,
an sein Tagewerk bis zum Abend.

Wie zahlreich sind deine Werke, o Herr!
Alle hast du in Weisheit vollbracht,
von deinen Schöpfungen ist die Erde erfüllt.
Da ist das Meer: groß, weit und breit,
darin ein Gewimmel ohne Zahl,
kleine Tiere mit großen.
Schiffe ziehen ihre Bahn –
der Leviathan, den du gemacht, um darin zu
spielen.
Sie alle warten auf dich,
daß du ihnen Nahrung schaffst zur rechten Zeit.
Gibst du, so sammeln sie ein,
öffnest du deine Hand, so sättigen sie sich mit
Gutem.
Verbirgst du dein Antlitz, so werden sie
verstört,
nimmst du ihren Atem fort, so verscheiden sie
und kehren zurück zu ihrem Staub.
Schickst du aber deinen Geist aus, so werden sie
erschaffen
und du erneuerst das Antlitz der Erde.
Ehre sei dem Herrn für immer!
Er freue sich seiner Werke!
Der die Erde anblickt, daß sie erbebt,
der an die Berge rührt, daß sie rauchen.
Ich will dem Herrn singen, solange ich lebe,
will meinem Gott spielen, solange ich bin.
Möge ihm, was ich sage, gefallen!
Ja, ich freue mich am Herrn!
Hinweg sollen die Sünder von der Erde
und Frevler keine mehr sein!
Lobe den Herrn meine Seele!
Hallelujah! *(Psalm 104)*

Unmöglich, diesen Psalm im Einzelnen auszulegen! Ich beschränke mich auf drei Punkte.

*Punkt eins:* Die Erde erscheint hier als Haus, das der Schöpfer auf Pfeiler gestellt hat, damit ihm die finstere Urflut des Chaos nichts anhaben kann (V. 5). Über das Haus wird der Himmel gespannt »wie ein Zeltdach« (V. 2). Die Geschöpfe – *alle* Geschöpfe! – bilden miteinander eine Lebens- und Hausgemeinschaft. Das könnte auf ein romantisches Bild, fast auf eine Idylle hinauslaufen. Doch die Schilderung bleibt realistisch: die Junglöwen brüllen nach Raub (V. 21), im Meer fressen die großen die kleinen Tiere (V. 25/26). Auch das gehört offenbar zur Hausordnung der Schöpfung. Wenn Tiere andere Tiere fressen, um ihren Hunger zu stillen, so ist das immerhin etwas anderes, als wenn Menschen ihresgleichen aus viel perverseren Gründen umbringen.

Die Schöpfung als bewohnbares Haus, die Geschöpfe als Hausgemeinschaft! »Haus« heißt auf griechisch »Oikos«, davon abgeleitet ist Oikologie oder Ökologie, was wörtlich »Wissenschaft vom Haus« heißt. Mit diesem Haus ist, durchaus im Sinne des 104. Psalms, das Haus der Schöpfung gemeint. Ökologie ist die Erkenntnis vom Zusammenleben aller Lebewesen im Haus ihrer Umwelt. Unser Psalm ist ein Hymnus, der den Schöpfer des ökologischen Zusammenlebens feiert, ist also *ökologische* Dichtung.

Als roter realistischer Faden zieht sich durch den Psalm jedoch die Nahrungsfrage. Sie steht im Mittelpunkt *jeder* Hausgemeinschaft, auch im Hause der Schöpfung, wo nicht nur junge Löwen nach Nahrung brüllen. Deshalb wird Gott gerühmt als umsichtiger Ökonom, der z. B. Wasser in die Felder und zu den Lebewesen leitet. Insofern ist der 104. Psalm ebenso ein *ökonomischer* Hymnus. Er zeigt auf seine poetische Weise, daß Ökologie, das Zusammenleben alles Lebendigen, eng mit der Ökonomie der Nahrungsbeschaffung zusammenhängt. Nur eine ökologische Ökonomie ist schöpfungsgemäß und hat Zukunft.

Der *zweite Punkt*, den ich hervorhebe, betrifft die Stellung des Menschen im Ganzen der Schöpfung. Der Hymnus sieht ihn nicht als Herrenmenschen, nicht als einen Dominator und Macher, sondern als einen Arbeiter, dessen Arbeit sich bescheiden einfügt in den Schöpfungszusammenhang. Am Morgen, wenn die Sonne aufstrahlt, so heißt es,

> »... tritt der Mensch heraus an seine Arbeit,
> an sein Tagewerk bis zum Abend.« (V. 23)

Der Mensch: dasjenige Geschöpf, das arbeiten kann und dadurch die Nahrung aus der Erde »holt«. (V. 14)

Die Fähigkeit, mit Werkzeugen arbeiten zu können, verleiht allerdings auch eine Macht, deren Mißbrauch schlimme Folgen hat. Aus Werkzeugen können z. B. Waffen werden, sind tatsächlich auch Waffen geworden, Waffen des Raubbaus, der Ausrottung, Waffen, die sich gegen die außermenschliche Schöpfung und gegen uns Menschen selber richten. Darum bricht der 104. Psalm am Schluß plötzlich in die zornige Verwünschung aus:

> »Hinweg sollen die Sünder von der Erde
> und Frevler keine mehr sein!« (V. 35)

Durch die Fähigkeit zur Arbeit stehen Menschen in einer besonderen Verantwortung. Ist unsere Arbeit schöpfungsfreundlich oder sind ihre Auswirkungen schöpfungsfeindlich? Das bleibt die Frage. Sie wird heute besonders aktuell, wo sowohl Rüstungen wie ökologie-feindliche Projekte mit dem Argument verteidigt werden, dadurch würden Arbeitsplätze erhalten oder geschaffen. Arbeitsplätze sollen die Welt aber nicht zugrunde richten. Arbeit soll die

Schöpfung erhalten und sinnvoll nutzen. So sieht es unser Psalm.

Auch Gottes Schöpfungswerk ist Arbeit, aber nicht die eines Ausbeuters und Raffers. Liebevoll läßt der Schöpfer alles werden und wachsen, verknüpft jedes mit jedem. Seine Macht kümmert sich fast selbstvergessen auch um die kleinen, um die schwachen Geschöpfe.

Der *dritte Punkt*, den ich deshalb kurz noch hervorhebe, ist die besondere Art der Macht Gottes. Sie unterwirft nicht, sie unterdrückt nicht, sie ist Macht, die Leben entfaltet, die Kräfte freisetzt gerade im Kleinen und Unscheinbaren.

Geist vom Geist des 104. Psalms scheint mir ein Gleichnis zu sein, das der isländische Dichter Haldór Laxness im Roman »Seelsorge am Gletscher« erzählt. Der recht sonderbare Pfarrer am isländischen Gletscher vergleicht die Allmacht Gottes mit der winzigen Schneeammer. Was ist eine Schneeammer? »So ein Vogel«, schildert der Pfarrer, »wiegt nicht mehr als eine Briefmarke. Dennoch wird er nicht hinweggeweht, wenn er bei schwerem Sturm auf freiem Fels steht. Haben Sie jemals den Kopf einer Schneeammer gesehen? Sie hält diesen zarten Kopf dem Unwetter entgegen, den Schnabel zur Erde, legt die Flügel fest an die Seite, der Schwanz zeigt nach oben. Der Sturm kann den Vogel nicht packen, sondern er muß sich spalten. Selbst in den schlimmsten Böen schwankt der Vogel nicht. Wo er steht, ist Windstille. Nicht einmal eine Feder an seinem Körper bewegt sich.« Auf die Frage, woher der Pfarrer nun aber wisse, »daß der Vogel die Allmacht ist und nicht der Wind?«, kommt als Antwort: »Weil ein Wintersturm die stärkste Kraft in Island ist, die Schneeammer aber das schwächlichste von allen Einfällen Gottes.«

Mehr und Besseres ist zu Gottes Macht auch von Christus her nicht zu sagen. *(20. Februar 1983)*

## Zwischen Tod und Geburt

Das sehnsüchtige Harren der Schöpfung wartet
auf das Offenbarwerden der Herrlichkeit der
Kinder Gottes. Denn der Nichtigkeit wurde
die Schöpfung unterworfen, nicht, weil sie
es wollte, sondern wegen des Unterwerfenden.
Dies geschah auf Hoffnung hin, weil die
Schöpfung selbst befreit werden soll von
der Knechtschaft des Verderbens zur Freiheit
der Herrlichkeit der Kinder Gottes.
Denn wir wissen, daß die ganze Schöpfung
insgesamt seufzt und in Geburtswehen liegt
bis jetzt.
*Römer 8, 19–22*

Ich mag die Bibel, weil sie so bodennah realistisch, zugleich so visionär ist.
Ich mag das Alte Testament, weil da so ungeschminkt von
irdischer List und Lust, von Kampf und Grausamkeit die
Rede ist. Zugleich aber pflanzt dasselbe Alte Testament
visionäre Bilder von einer trotzdem gelingenden, trotzdem befriedeten Welt in unsere Köpfe und Herzen. Und
diese Bilder, diese Visionen sind so stark, so elementar,
daß sie zu jeder Zeit wieder auferstehen können, so wie
etwa jetzt in West und Ost die Heilsvision der Propheten
Micha und Jesaja: »Und sie werden ihre Schwerter zu

Pflugscharen schmieden und ihre Spieße zu Rebmessern.«
(Micha 4, 3)

Und dann, natürlich, mag ich das Neue Testament, weil in
ihm erst recht die konfliktreiche Spannung vibriert zwischen dem, was ist, und dem, was trotzdem werden kann.
Vom Kindermord in Bethlehem bis zur Hinrichtung Jesu,
von der Steinigung des Stephanus bis ins blutrot gefärbte
Märtyrerbuch der johanneischen Apokalypse bezeugt das
Neue Testament die leidvolle, die grausame Realität unserer
Welt. Gleichzeitig bricht in der Verkündigung Jesu, bricht
im österlichen Triumph des Auferstandenen, bricht in der
Vision vom neuen Jerusalem am Schluß der Bibel immer
wieder die Hoffnung auf, daß wir Menschengeschöpfe und
die von uns bestimmte Welt doch noch gelingen können.
Hier nun, im gehörten Paulus-Text, wird die ungeheure
Spannung zwischen Realitätserfahrung und Utopie, zwi-
schen Illusionslosigkeit und Hoffnung ausgedrückt im
Bild einer schwangeren Frau, die sich in Geburtswehen
windet: »Denn wir wissen, daß die ganze Schöpfung insgesamt seufzt und in Geburtswehen liegt bis jetzt.«
Wohlverstanden: nicht die Menschheit allein mit ihrer pro-
blematischen Geschichte, auch die scheinbar geschichts-
lose Natur und so eben »die Schöpfung insgesamt«, die
Schöpfung als Geist und Leib, als Leben und Materie,
seufzt und liegt in Geburtswehen »bis jetzt«!
Geburt bedeutet Krise auf Leben und Tod, heute zum
Glück weniger als noch zur Zeit des Paulus, wo der Tod
bei einer Geburt ständig mit anwesend war, wo die Müt-
ter- und Säuglingssterblichkeit beträchtlich gewesen ist.
Krise also! Und wer dächte jetzt nicht an die Krise unserer
heutigen Welt, in der es ebenfalls um Leben und Tod von
uns allen geht, so daß sogar die Substanz der Welt auf dem
Spiele steht, nämlich die Natur, von der wir leben, wie

auch die eigene Natur, d. h. unsere biologische und erb-
biologische Substanz.

Nein, wir wissen nicht, wie das noch kommen wird. Noch
sind zu viele Optimisten, zu viele Verharmloser am Ruder,
deren erstaunliche Angstlosigkeit uns wahrhaftig Angst
machen muß.

Und dennoch besteht, solange wir atmen, die Möglichkeit,
daß selbst diese totale Krise neues Leben hervorbringt, daß
es sich dabei um Geburtswehen handelt. Wem das unmöglich vorkommt, dem sei mit Jesus gesagt: »Bei den Menschen ist's unmöglich, bei Gott aber sind alle Dinge möglich.« (Matthäus 19,26)

Hüten wir uns aber vor jenem finsteren Wunderglauben,
wie er ja nicht nur vom amerikanischen Umweltminister
vertreten wird, der bisherige Umweltschutzmaßnahmen
planmäßig abbaut zur Freude der Industriellen und mit der
fatalen Begründung, demnächst werde Jesus ohnehin wie-
derkommen, worauf dann sowieso alles gut werde.

Paulus sagt es anders. Nicht eigentlich auf die Wiederkunft
Jesu wartet die Schöpfung, sondern: Das sehnsüchtige
Harren der Schöpfung wartet auf »das Offenbarwerden
der Herrlichkeit der Kinder Gottes«, also darauf, daß *wir*,
die Menschen, das werden, wozu wir bestimmt wären,
nämlich Kinder Gottes, die mit der Schöpfung im Sinne
des Schöpfers umgehen lernen, so daß alles, das Leben von
uns Menschen und das Leben der Natur, im Glanz göttli-
cher Herrlichkeit und Fraulichkeit erstrahlen kann.

»Denn der Nichtigkeit wurde die Schöpfung unterworfen,
nicht, weil sie es wollte, sondern wegen des Unterwerfenden.«

Hier klingt wohl jene Stelle der Schöpfungserzählung an,
wo Gott den Menschen beauftragt, die Erde treuhände-
risch zu regieren. (1. Mose 1,28)

Man mag bedauern, daß Gott uns Menschen so viel Macht verliehen hat. Dennoch bleibt es eine Tatsache, wir sehen's ja auf Schritt und Tritt: das Schicksal der Erde ist abhängig vom Verhalten der Menschen. Darum können wir tatsächlich die gesamte irdische Schöpfung mit uns in den Abgrund der Nichtigkeit, des Nichts-Seins, reißen. Die Natur selber will dies nicht, sie bleibt uns aber ausgeliefert, weil Gott sie unserer Obhut anvertraut hat. So jedenfalls glaube ich den Satz verstehen zu müssen: »Denn der Nichtigkeit wurde die Schöpfung unterworfen, nicht, weil sie es wollte, sondern wegen des Unterwerfenden« – d. h. wegen des Menschen, der sich die Erde unterwerfen kann, sich aber in seinem Größen- und Profitwahn von Gott abgekehrt hat.

War es vielleicht also doch ein Irrtum von Gott, uns Menschen die Erde anzuvertrauen? Die Frage stellt sich, aber Paulus sagt: »Dies geschah auf Hoffnung hin, weil die Schöpfung selbst befreit werden soll von der Knechtschaft des Verderbens zur Freiheit der Kinder Gottes.«

Paulus glaubt also, daß Gott trotz allem auf uns Menschen hofft. Durch die »Knechtschaft des Verderbens«, des Todes, wird unser heilloser Wahn begrenzt: eine Schutzmaßnahme, keine endgültige Setzung! Gott hofft auf neue, verwandelte Menschen, die, von ihrem heillosen Wahn befreit, auch frei von der Knechtschaft des Verderbens werden können.

Wiederum: welch eine Vision, was für eine Perspektive!

Sie zeigt eine Schöpfung, die noch nicht fertig ist. Vor allem wir, die Menschen, sind noch unfertig, sind offenbar noch nicht das, was wir sein könnten und was wir werden sollen. Ganz nah berührt sich die Vision des Paulus mit derjenigen des Johannes im 1. Johannesbrief: »Jetzt sind wir Kinder Gottes und noch ist nicht offenbar geworden, was wir sein werden. Wir wissen aber, daß wir, wenn es offenbar geworden ist, ihm gleich sein werden ...« (1. Johannes 3,2)

Auf diesen zukünftigen Menschen richtet sich »das sehnsüchtige Harren der Schöpfung«, die aus unserer Hand jetzt so viel Unheil empfängt, einst aber ihr Heil empfangen soll. Darauf hofft Gott. Hoffte er nicht mehr darauf, so wären wir vermutlich schon nicht mehr da. So aber bleibt die Schöpfung trotz allem guter Hoffnung.

Es mag seltsam tönen, wenn ich sage, daß Gott hofft. Meistens denken wir ja: was er will, das tut er umgehend auch – was braucht er da noch zu hoffen?

Allein, das Geheimnis der Schöpfung besteht darin, daß hier alles mit allem zusammenhängt. Jeder Eingriff von außen bringt alles, bringt das Ganze in Gefahr. So hat es der Schöpfer gewollt. Und darum bleibt das Schicksal der irdischen Schöpfung mit dem Verhalten der Menschen verknüpft und Gott selber bildet durch Christus und durch seinen Heiligen Geist mit uns Menschen und mit der Schöpfung so etwas wie ein Biotop höherer Ordnung. Das, nur das, ist unsere Chance!

Gott handelt, Gott leidet, er leuchtet auf und er verdunkelt sich in der Art und Weise, wie wir, die Menschen, miteinander und mit der Schöpfung umgehen.

Nichts kann ihn trennen von uns, seinen Geschöpfen, nichts kann ihn trennen von seiner Schöpfung. Es gibt keinen Bereich des privaten und des öffentlichen Lebens, in dem wir's nicht immerzu neu mit ihm zu tun bekämen, sei es in Erfahrungen der Niederlage und des Kreuzes, sei es in Erfahrungen der Auferstehung, wo man sie nicht mehr für möglich gehalten hat.

Das, liebe Gemeinde, habe ich während etwas mehr als 22 Jahren von dieser Kanzel aus zu predigen versucht. Daß ihr immer wieder so zahlreich gekommen seid, ermutigt mich im Glauben, daß Paulus nicht leere Worte macht, wenn er vom sehnsüchtigen Harren der Schöpfung spricht. Euer engagiertes Mitgehen ist mir selber zur Predigt geworden und bestärkt mich in der Gewißheit, daß zusammen mit der Schöpfung auch die Gemeinde Jesu Christi »in Geburtswehen« liegt auf das Neue hin, das kommen soll, auf das Reich Gottes.

*Gebet*

Deine Gegenwart,
o Gott,
gibt uns Mut zur Zukunft.
Deine Hoffnung stellt uns auf.
Gib uns, wir bitten Dich, mehr liebende Phantasie
füreinander, mehr liebende Phantasie für die
Schöpfung insgesamt.
Belebe Deine Kirche, hier in unserer Gemeinde
und überall in der Ökumene.
Laß uns nicht konfliktscheu werden im Kampf für
Deine Sache.
Verlaß uns nicht im Leiden.
Denn Du bist das Leben auch unseres Lebens,
jetzt und in Ewigkeit.
AMEN

*(Abschiedspredigt 24. April 1983)*

# Epilog

*Drei Sätze des*
*Friedrich Christoph Oetinger*
*(1702 – 1782)*

Es ist wahr, Niemand weiß, was Schöpfung ist, als
der Schöpfer.

\*

Sie (=die Erde) gehöret mit zur Herrlichkeit
Gottes.

\*

Die Wunder der Erde wird man erst in der letzten
Zeit erkennen.